Sozialunternehmen

Die Leuphana Case Studies sind ein Projekt, das in Zusammenarbeit mit kleinen und mittelständischen Unternehmen erstellt und entwickelt worden ist. Sie sind ein Lehrbuch, mit dessen Hilfe Unternehmen, die vor ähnlichen Herausforderungen stehen, selbige bewältigen können. Dafür ist keine Hilfe von Dritten notwendig. Auf Grundlage der einzelnen Case Studies werden den Bearbeiterinnen und Bearbeitern elementare Werkzeuge aus der wissenschaftlichen Theorie erklärt. Diese können sie anwenden, um mit den Insiderkenntnissen des eigenen Unternehmens Prozesse zu optimieren, Ziele entwickeln und erreichen oder schwierige Herausforderungen zu bewältigen.

Weitere Bände in dieser Reihe
http://www.springer.com/series/15432
Massonne, Veranstaltungsmanagement - 978-3-662-54003-9
Klöppner et al., Fachkräftemangel im Pflegesektor - 978-3-662-54013-8
Melles, Produkteinführung - 978-3-662-54001-5
Deharde, Produktionsentscheidung - 978-3-662-53997-2
Sikkenga, Shitstorm-Prävention - 978-3-662-54015-2
Göse, Sozialunternehmen - 978-3-662-54007-7
van Hueth et al., Sozialwirtschaft - 978-3-662-54005-3
Giese, Großprojektmanagement - 978-3-662-54011-4
Göse/Reihlen, Gründung einer Unternehmensberatung - 978-3-662-54009-1

Sebastian Göse

Sozialunternehmen

Sebastian Göse
Case Studies
Leuphana Universität Lüneburg
Lüneburg
Deutschland

ISBN 978-3-662-54007-7   ISBN 978-3-662-54008-4 (eBook)
DOI 10.1007/978-3-662-54008-4

Die Deutsche Nationalbibliothek verzeichnet diese Publikation in der Deutschen Nationalbibliografie; detaillierte bibliografische Daten sind im Internet über http://dnb.d-nb.de abrufbar.

Springer Gabler
© Springer-Verlag GmbH Deutschland 2017
Das Werk einschließlich aller seiner Teile ist urheberrechtlich geschützt. Jede Verwertung, die nicht ausdrücklich vom Urheberrechtsgesetz zugelassen ist, bedarf der vorherigen Zustimmung des Verlags. Das gilt insbesondere für Vervielfältigungen, Bearbeitungen, Übersetzungen, Mikroverfilmungen und die Einspeicherung und Verarbeitung in elektronischen Systemen.
Die Wiedergabe von Gebrauchsnamen, Handelsnamen, Warenbezeichnungen usw. in diesem Werk berechtigt auch ohne besondere Kennzeichnung nicht zu der Annahme, dass solche Namen im Sinne der Warenzeichen- und Markenschutz-Gesetzgebung als frei zu betrachten wären und daher von jedermann benutzt werden dürften.
Der Verlag, die Autoren und die Herausgeber gehen davon aus, dass die Angaben und Informationen in diesem Werk zum Zeitpunkt der Veröffentlichung vollständig und korrekt sind. Weder der Verlag, noch die Autoren oder die Herausgeber übernehmen, ausdrücklich oder implizit, Gewähr für den Inhalt des Werkes, etwaige Fehler oder Äußerungen. Der Verlag bleibt im Hinblick auf geografische Zuordnungen und Gebietsbezeichnungen in veröffentlichten Karten und Institutionsadressen neutral.

Gedruckt auf säurefreiem und chlorfrei gebleichtem Papier

Springer Gabler ist Teil von Springer Nature
Die eingetragene Gesellschaft ist Springer-Verlag GmbH Deutschland
Die Anschrift der Gesellschaft ist: Heidelberger Platz 3, 14197 Berlin, Germany

Vorwort des Herausgebers

Im Rahmen des Regionalentwicklungsprojekts Innovations-Inkubator Lüneburg wurden der Leuphana Universität im Zeitraum 2009 bis 2015 Mittel der Europäischen Union und des Landes Niedersachsen zur intensiven Förderung der Wirtschaft durch Transfer von Wissen aus der Forschung in die Unternehmen des aus elf Landkreisen bestehenden ehemaligen Regierungsbezirks Lüneburg bereitgestellt. Eine der insgesamt 47 in dem EU-Großprojekt durchgeführten Maßnahmen war die Erarbeitung der Leuphana Case Studies.

Gemeinsam mit Kooperationspartnern aus dem Konvergenzgebiet wurden zwölf Case Studies zu spezifischen Herausforderungen der Region erarbeitet. Die Themenfelder sind dabei sehr unterschiedlich und reichen von Fragen des Nachhaltigkeitsmanagements, über das Veranstaltungs- und Kulturmanagement im ländlichen Raum, bis hin zu Fragen der Vernetzung von kleinen und mittelständischen Unternehmen.

Dabei wurde das Konzept der wissenschaftlichen Methode Case Study mit den Leuphana Case Studies weiterentwickelt. Diese bestehen nicht nur aus einem mehrseitigen Fallstudientext, der dann von Studierenden bearbeitet wird. Die Leuphana Case Studies beinhalten ein didaktisches Konzept, mit dem den Bearbeiterinnen und Bearbeitern der Case Studies die Werkzeuge zur Lösung ihrer Herausforderungen vermittelt werden. So können die Case Studies von Unternehmen in vergleichbaren Situationen eingesetzt werden. Mit Hilfe des didaktischen Konzepts der Case Studies kann aus dem Wissensschatz der Mitarbeiterinnen und Mitarbeiter eines Unternehmens eine Lösung für die eigenen Herausforderungen erarbeitet werden.

Die Leuphana Case Studies sind in Zusammenarbeit mit den weiterbildenden Studiengängen der Leuphana Professional School entstanden. So wurden die didaktischen Konzepte bereits in der Praxis erprobt und darauf aufbauend weiter verfeinert. Die vorliegende Case Study spiegelt in weiten Teilen reale

Entwicklungsprozesse wider. An einigen Stellen wurden die Darstellungen didaktisch überarbeitet.

Wir wünschen Ihnen viel Erfolg und Spaß bei der Bearbeitung der vorliegenden Case Study. Wir sind uns sicher, dass Sie Werkzeuge und Fähigkeiten erlernen werden, die Ihnen bei Ihrer täglichen Arbeit und bei der Bewältigung der Herausforderungen dort helfen werden.

Christoph Kleineberg

Vorwort des Autors

In dieser Case Study sollen die Bearbeiterinnen und Bearbeiter ein nachhaltiges Konzept und einen Businessplan für die Unternehmen AfB gGmbH und wellcome gGmbH entwickeln. Das IT-Verwertungsunternehmen AfB organisiert alle Arbeitsschritte barrierefrei unter der Zusammenarbeit von Menschen mit und ohne Behinderung. Ziel ist die Inklusion von Menschen mit Behinderung in den Arbeitsalltag und die Gesellschaft. Die wellcome gGmbH konzentriert sich auf die Unterstützung junger Eltern nach der Geburt ihres Kindes durch die Vermittlung ehrenamtlicher Mitarbeiter/innen zur Betreuung der Kinder. Den Teilnehmenden wird der aktuelle Stand der Forschung zu den Themen Social Entrepreneurship und Social Business vermittelt. Mit diesen Kenntnissen und der Zuhilfenahme verschiedener Instrumente, die in der Fallstudie dargestellt werden, wie der Branchen- und Wettbewerbsanalyse, dem Businessmodell oder der Systematisierung der Unternehmenskultur, sind die Bearbeiterinnen und Bearbeiter in der Lage, das spezifische von Unternehmen im Social Business sowie die Zukunftschancen der beiden genannten Unternehmen herauszuarbeiten.

Sebastian Göse

Inhaltsverzeichnis

1	**Einleitung**	1
2	**Falldarstellung**	3
	2.1 Unternehmensgründung	3
	2.2 Geschäftsmodell und -prozesse...........................	8
	2.3 Beschaffungsmanagement................................	13
	2.4 Personalmanagement von Menschen mit Behinderung	19
	2.5 Vertrieb von Social Businesses...........................	25
3	**Fallzusammenfassung für Dozierende**.........................	35
4	**Lehrplan und Lehrstrategie**	41
	4.1 Allgemeine Lernziele	41
	4.2 Inhalte des Kurses.......................................	42
	4.2.1 Gründung und Entrepreneurship	42
	4.2.2 Ursprünge sozialer Unternehmen....................	44
	4.2.3 Definition und Konzepte...........................	46
	4.2.4 Entwicklungsperspektiven	52
	4.3 Kursablaufplan	54
5	**Werkzeuge**	55
	5.1 Branchen- und Wettbewerbsanalyse	55
	5.2 Businessmodell und strategische Ausrichtung	56
	5.3 Systematisierung der Unternehmenskultur im Social Business	61
	5.4 Vertriebsanalyse	65
6	**Arbeitshilfen**...	69
	6.1 Eigenschaften eines Entrepreneurs........................	69
	6.2 Anforderungen an die Franchisenehmer/innen..............	70
	6.3 Voraussetzungen für wellcome-Koordination...............	70

6.4	Stellenbeschreibung wellcome-Koordination	70
6.5	Finanzierungsplan wellcome-Eröffnung	71
6.6	Erstgespräch mit Familien und Ehrenamtlichen	71

Literaturverzeichnis 73

Weiterführende Literatur 79

Abkürzungsverzeichnis

AfB	Arbeit für Menschen mit Behinderung
CSR	Corporate Social Responsibility
gGmbH	gemeinnützige Gesellschaft mit beschränkter Haftung
Ifd	Integrationsfachdienst
IHK	Industrie- und Handelskammer
IT	Informationstechnologie
LogID	Logistik Identifikationsnummer
PC	Personal Computer
WAB	Werkstatt-Ausbildung-Beruf

Abbildungsverzeichnis

Abb. 4.1	Kursablaufplan.	53
Abb. 5.1	Branchenstrukturanalyse nach Porter. Quelle: In Anlehnung an Porter 1985.	56
Abb. 5.2	Ressourcenanalyse nach Barney. Quelle: In Anlehnung an Barney 1991.	56
Abb. 5.3	Komplexität eines Geschäftsmodells im Social Business	57
Abb. 5.4	Drei Komponenten eines Businessmodells. Quelle: Yunus et al. 2010.	58
Abb. 5.5	Systematisierung der Unternehmenskulturforschung. Quelle: In Anlehnung an Fichtner 2008.	62
Abb. 5.6	Einflussbereiche der Unternehmenskultur. Quelle: In Anlehnung an Sackmann 2004.	64

Tabellenverzeichnis

Tab. 4.1 Unterschiede zwischen kommerziellen und sozialen
Unternehmen. Quelle: in Anlehnung an Beckmann 2011. 51
Tab. 6.1 Musterrechnung für den Finanzierungsplan 71

Einleitung

In dieser Case Study wird das Management von sozialen Unternehmen am Beispiel der AfB gGmbH und der wellcome gGmbH erläutert. Die AfB gGmbH hat sich zum Ziel gesetzt, Menschen mit einer Behinderung einen sicheren Arbeitsplatz zu bieten. Das IT-Verwertungsunternehmen organisiert alle Arbeitsschritte barrierefrei und immer unter der Zusammenarbeit von Menschen mit und ohne Behinderung. Die wellcome gGmbH konzentriert sich auf die Unterstützung junger Eltern nach der Geburt ihres Kindes, indem Sie ehrenamtliche Mitarbeiterinnen und Mitarbeitern an die jungen Eltern zur Betreuung der Kinder vermittelt.

Die Case Study entwirft, wie ein Businessplan im Social Management aussehen kann.

Für die Bearbeiterinnen und Bearbeiter findet sich in Kap. 2 eine ausführliche Darstellung des Falles. Es wird die spezifische Unternehmenskultur der AfB gGmbH verdeutlicht und gezeigt, wie sie sich bezüglich der Gewinnung qualifizierter Mitarbeiter von anderen Unternehmen unterscheidet. Dabei werden die besonderen Herausforderungen bei der Integration von Menschen mit Behinderung berücksichtigt. Anhand der Arbeitsweise der wellcome gGmbH wird deutlich, wie der Vertrieb von Social Businesses organisiert werden kann. Das Unternehmen kooperiert mit verschiedenen sozialen Trägern, die als Franchisenehmer fungieren. So können die Bearbeiterinnen und Bearbeiter das Social-Franchise-System kennen- und bewerten lernen.

Die Bearbeiterinnen und Bearbeiter setzen sich mit den Entwicklungsmöglichkeiten der AfB gGmbH auseinander und entwickeln ein nachhaltiges Konzept zur Expansion des Unternehmens. Vor dem Hintergrund, dass Menschen mit einer Behinderung oder einem Handicap nicht selbstverständlich einer geregelten Arbeit in einem wirtschaftlich orientierten Unternehmen auf dem sogenannten ersten Arbeitsmarkt nachgehen können, ist das Ziel dieser Case Study zudem die Schaffung eines Grundverständnisses für das Management von Social Businesses. Dabei werden insbesondere die Themen Personalführung, Personalmanagement, Unternehmenskultur und die besonderen Bedürfnisse von Menschen mit Behinderung analysiert.

Die 2002 gegründete wellcome gGmbH hat bundesweit mittlerweile über 200 Franchisenehmer mit ca. 2500 ehrenamtlichen Mitarbeiterinnen und Mitarbeitern. Seit 2007 ist Bundeskanzlerin Angela Merkel Schirmherrin des Projektes. Für die 2004 gegründete AfB gGmbH arbeiten über 200 Menschen an 10 Standorten in Deutschland, Österreich, der Schweiz und Frankreich. Das Wachstum dieser Unternehmen zeigt, dass Dienstleistungsunternehmen mit sozialer Ausrichtung und unternehmerischen Werten ein hohes Potenzial besitzen. Nun stellt sich die Frage, wie die Expansionsbestrebungen der Unternehmen für die Zukunft bewertet werden können.

In Kap. 3 wurde der Fall für den Dozierenden noch einmal zusammengefasst. Der Kap. 4 erklärt den Lehrplan und die Lehrstrategie hinter dieser Case Study. Das Ziel des Kurses besteht insbesondere darin, den Bearbeiterinnen und Bearbeitern der Case Study einen facettenreichen Einblick in die Themenfelder Social Business und Social Entrepreneurship zu geben. Dabei soll den Teilnehmenden auch der aktuelle Stand der Forschung zu den Themen Entrepreneurship, strategische Positionierung, Unternehmensführung und -kultur sowie Unternehmenswachstum vermittelt werden. Am Ende des Kurses sollen die Teilnehmenden einerseits in der Lage sein, einen Überblick über das Forschungsfeld der verschiedenen Themengebiete zu geben und andererseits die Komplexität und Vielseitigkeit auf die Praxis zu übertragen.

Der Kap. 5 befasst sich mit den Werkzeugen, die von den Bearbeiterinnen und Bearbeitern der Case Study zur Analyse der Social Businesses genutzt werden sollen. Zunächst geht es um die Definition grundlegender Begriffe im Social Business und die Abgrenzung von Social Business gegenüber dem Commercial Business, um die besonderen Herausforderungen eines Social Business hervorzuheben. Sodann werden die Werkzeuge der Branchen- und Wettbewerbsanalyse sowie das Businessmodell zur strategischen Ausrichtung des Unternehmens demonstriert. Zudem kommt der Systematisierung der Unternehmenskultur gerade im Social Business eine wichtige Rolle zu. Zuletzt sollen über aktuelle Theorien aus der Forschung mögliche Strategien zum Vertrieb von Social Business gezeigt werden. Im letzten Teil, in Kap. 6, finden sich weitergehende Literatur sowie Bearbeitungshilfen zur Case Study.

Falldarstellung 2

Zu Beginn der Darstellung unseres Falles wird der Hintergrund zur Gründung des Unternehmens AfB erläutert. Dem Unternehmer Paul Cvilak kommt hierbei die zentrale Rolle zu. In den folgenden Unterpunkten werden die ersten Startversuche, das Geschäftsmodell sowie das spezielle Beschaffungs- und Personalmanagement bei AfB demonstriert. Im letzten Unterpunkt dieses Kapitels werden die Vertriebsmöglichkeiten im Social-Business-Bereich im Rahmen einer Darstellung der wellcome gGmbH verdeutlicht. Diese beiden Unternehmen sind bestens geeignet, um die Einzigartigkeit und Innovationsfähigkeit von Social Businesses zu zeigen.

2.1 Unternehmensgründung

Paul Cvilak ist Unternehmer und bietet Software und Dienstleistungen für das IT LifeCycle Management an. Sein Unternehmen besteht seit 1998 und ist in Deutschland, Österreich und der Schweiz tätig. Er beschäftigt mittlerweile über 50 Mitarbeiterinnen und Mitarbeiter. Doch trotz des Erfolges seines Unternehmens, fühlt Paul Cvilak seit einigen Wochen eine innere Unzufriedenheit. Er dachte immer, dass ihn der Aufbau eines Unternehmens beruflich erfüllen würde. Zwar hat er einen angenehmen materiellen Wohlstand und eine glückliche Familie, doch trotzdem hat Paul Cvilak das Gefühl, beruflich noch nicht alles erreicht zu haben.

An einem üblichen Arbeitstag geht Paul Cvilak zur Mittagspause in sein Stammlokal. Da das Lokal an diesem Tag sehr voll ist, teilt er sich den Tisch mit einem weiteren Gast. Sein Tischnachbar stellt sich als Helmut Reisinger vor. Die beiden verstehen sich auf Anhieb und kommen auch auf ihre beruflichen Hintergründe zu sprechen. Herr Reisinger erzählt, dass er seit Kurzem als Leiter einer örtlichen Behindertenwerkstatt arbeitet:

„Vor Kurzem haben wir die Werkstatt eröffnet. Wir wollen dort neue Konzepte ausprobieren, um Menschen mit Handicap besser in die Gesellschaft zu integrieren. Bei uns arbeiten Menschen, die auf normalem Wege keine Arbeit gefunden haben und so einer sinnvollen Beschäftigung nachgehen können."

Herr Reisinger erzählt weitere Details von seiner Arbeit. Ein Ziel bestehe darin, die Menschen aus der Werkstatt stärker in ihre Umgebung einzubinden. In der Werkstatt gehen sie zwar einer geregelten Beschäftigung nach und sind dadurch Teil des Arbeitslebens, aber dennoch findet keine gesellschaftliche Inklusion statt.[1]

Paul Cvilak hört den Ausführungen von Herrn Reisinger begeistert zu und interessiert sich zunächst für die Arbeiten in der Werkstatt. Herr Reisinger erläutert:

„Wir machen Verpackung, Aktenvernichtung, Sortierung, Kfz-Pflege aber auch Nähsachen. Wir bekommen Aufträge zum Teil aus der Wirtschaft oder von Privatpersonen. Es gibt z. B. eine dreimonatige Warteliste für eine Kfz-Pflege."

Für Paul Cvilak sind diese Informationen sehr interessant. Das Gespräch kommt wie gerufen in die Phase seiner beruflichen Unzufriedenheit. Er überlegt, ob er Herrn Reisinger irgendwie bei seiner Aufgabe unterstützen könnte. Ohne lange nachzudenken, stellt er direkt die Verknüpfung zu seiner eigenen Branche her:

„Könnten die Menschen denn dort beispielsweise auch Computer testen oder auseinander bauen?"

Herr Reisinger antwortet:

„Das kann man wohl nicht pauschal sagen, da bei uns Menschen mit sehr verschiedenen Behinderungen arbeiten. Ich denke, dass die Demontage eines Computers für fast alle kein Problem ist. Zum Testen sind bestimmt einige geeignet, die aber vielleicht auch erst eine Schulung bräuchten."

Das Unternehmen von Paul Cvilak kümmert sich um den Test und die Datenlöschung von IT-Leasing-Geräten. Paul Cvilak überlegt, ob diese Arbeiten auch von

---

[1] Bei der Inklusion soll jeder Mensch innerhalb einer Gesellschaft die Möglichkeit erhalten, sich an allen gesellschaftlichen Prozessen zu beteiligen unabhängig von Alter, Herkunft, Geschlecht oder den individuellen Fähigkeiten. Somit ist die Inklusion der nächste Schritt nach einer erfolgreichen Integration in ein bestehendes System.

2.1 Unternehmensgründung

Menschen mit Handicap übernommen werden könnten. So fragt er Herrn Reisinger, ob die Werkstatt nicht mal testweise diese Arbeit übernehmen möchte. Herr Reisinger ist von der Idee begeistert. Die beiden verabreden sich für ein Treffen in der Werkstatt, damit sich Paul Cvilak zunächst einen Überblick über die Arbeitsplätze verschaffen kann.

Es gibt in der Werkstatt fünf Abteilungen, die je eine bestimmte Aufgabe übernehmen. Paul Cvilak ist zunächst von der Einfachheit einiger Arbeiten überrascht. Z. B. fertigen einige Arbeiter/innen Seidenmalereien an und andere waschen Autos. So kommen Zweifel in ihm auf, ob die Arbeiter/innen die teils komplexen Aufgaben des Lösch- und Testverfahrens ausführen können. Peter Ringwald, der Zivildienstleistende der Werkstatt, bemerkt die Zweifel des IT-Spezialisten und erklärt, dass viele der arbeitenden Menschen unterfordert sind:

> „Wir haben ein großes Problem hier. Es gibt einige Mitarbeiter, die mit der hier angebotenen Arbeit, deutlich unterfordert sind. Die Werkstatt ist allerdings nicht in der Lage, kurzfristig die Produkte und die Arbeitsaufgaben zu ändern."

Zwar ist Paul Cvilak durch diese Information etwas beruhigt, dennoch bleibt eine gewisse Skepsis, da sensible Daten seiner Kunden im Spiel sind. Wenn die Löschung nicht korrekt erfolgt, kann dies unangenehme Konsequenzen für sein Unternehmen haben. Doch zunächst will er schauen, wie sich das Projekt entwickelt. Da Herr Reisinger selbst mit anderen Aufgaben beschäftigt ist, schlägt er seinen Zivildienstleistenden Peter Ringwald als Projektkoordinator vor.

Im ersten Schritt lädt Paul Cvilak zwei Mitarbeiterinnen und Mitarbeiter ohne Handicap in sein Unternehmen ein, um ihnen zu zeigen, welche Arbeiten erledigt werden müssen. Es gibt drei grundsätzliche Arbeiten: das Testen der Computer, die korrekte Datenlöschung und ggf. die Zerlegung der Hardware. Beide Werkstattmitarbeiter sind davon überzeugt, dass durch eine Ausweitung der Arbeitsschritte diese auch von Menschen mit Handicap erledigt werden können. Im zweiten Schritt erstellen Paul Cvilak und Peter Ringwald die nötigen Arbeitsschritte für das Testen und die Löschung der IT-Software. Sie teilen die Arbeitsschritte in möglichst simple und kleine Elemente, damit sie von möglichst vielen Menschen ausgeführt werden können. Peter Ringwald erläutert es an einem Beispiel:

> „Ein Arbeitsschritt ist es, die CD in ein Laufwerk zu legen. Da soll es einen Mitarbeiter in der Werkstatt geben, der den ganzen Tag nichts anderes macht, als die Computer mit dem Kabel anzuschließen, das Laufwerk aufzumachen und die CD einzulegen. Das ist Arbeitsschritt eins. Das muss natürlich bebildert werden, damit es auch alle verstehen. In einer Werkstatt ist es sehr wichtig Texte mit Visualisierungen

zu unterlegen. Dann kommt der nächste Mitarbeiter und startet das Programm. Der Übernächste hat die Löschung gestartet. Der Prozess wird also in ganz viele Arbeitsschritte aufgeteilt, sodass die Menschen in der Werkstatt nicht überfordert sind."

Diese Teilung der Arbeitsschritte wird dann auf alle Bereiche übertragen. Nach kurzer Zeit soll mit der Testphase begonnen werden. Paul Cvilak kann neue Motivation und Kraft aus der Umsetzung dieses Projektes schöpfen. Er hat weitere Räumlichkeiten angemietet, da die Kapazität der Werkstatt nicht ausreicht. Die Kosten teilen sich Paul Cvilak und die Werkstatt. Bereits nach zwei Wochen sind die Arbeitsplätze eingerichtet. Peter Ringwald hat für jeden Arbeitsplatz Erläuterungen mit diversen Visualisierungen entwickelt. So kann im Frühjahr 2003 der Testlauf in der Werkstatt beginnen. Nach den ersten Arbeitstagen stellt Paul Cvilak Unterschiede zu der Arbeit in seinem Unternehmen fest:

„Die Datenlöschung bei einem Notebook ist für Menschen ohne Handicap ein sehr einfacher Prozess. Dieses Verfahren macht beim ersten oder zweiten Mal noch Spaß, aber dann wird es schnell langweilig. Die Menschen aus der Werkstatt sind da anders, da sie auch nach dem 100. Ausführen euphorisch an ihre Arbeit gehen."

Die Monotonie macht den Arbeiterinnen und Arbeitern in der Werkstatt weniger aus, da sie insgesamt begeisterungsfähiger sind. Außerdem hat sich eine hohe Affinität zum Thema IT gezeigt. Nach nur wenigen Wochen hat der IT-Arbeitsplatz in der informellen Hierarchie der Werkstatt die oberste Position eingenommen. Peter Ringwald beschreibt es folgendermaßen:

„Jeder wollte eigentlich dort mitarbeiten. Behinderte Menschen sitzen sonst einfach zu Hause und können nicht so viel machen, weil sie kaum integriert sind. Die gehen nicht in die Disco oder zum Fußball. Zu Hause beschäftigen sie sich sehr oft mit Computern – egal ob mit der Software oder Hardware. Sie sind einfach affin für dieses Thema."

Nach einer gewissen Zeit stellt sich heraus, dass die Mitarbeiterinnen und Mitarbeiter rasch dazulernen. Der Mitarbeiter Piet, der für das Einlegen der CD zuständig ist, hat inzwischen auch verstanden, wie man das Programm startet und abschließt. Den Mitarbeiterinnen und Mitarbeitern wird der Prozess schrittweise näher gebracht. Wenn sie einen Schritt gelernt haben, können sie oft auch bald den Ersten mit dem Zweiten verbinden. Der Erfolg des Projekts und die Möglichkeit einen Beitrag zur Inklusion leisten zu können geben Paul Cvilak wieder neuen Aufwind in seiner beruflichen Entwicklung.

2.1 Unternehmensgründung

Nach einem halben Jahr in der Testphase, kann sich Paul Cvilak die Übertragung des Konzepts auf seine Branche sehr gut vorstellen. Er möchte nun auch dort Menschen mit einer Behinderung einen Arbeitsplatz bieten. Im Jahr 2004 gründet er zu diesem Zweck das Unternehmen AfB (Arbeit für Menschen mit Behinderung). Da keine Bank einen Kredit für die Unternehmensgründung bewilligt, finanziert er das neue Unternehmen zunächst aus seinem Privatvermögen. Er mietet Räumlichkeiten in Ettlingen südlich von Karlsruhe an. Ein langjähriger Kollege von Paul Cvilak begleitet ihn nach Ettlingen. Das Unternehmen startet mit drei Angestellten.

Die ersten Wochen verlaufen reibungslos, bis es Mitte April zu den ersten Schwierigkeiten kommt. Paul Cvilak bekommt in seinem Büro Besuch von Frau Stab, einer Mitarbeiterin des Integrationsamtes in Karlsruhe:

> „Sind Sie der Geschäftsführer von AfB? Mein Name ist Stab und ich komme vom Integrationsamt. Ich habe von einem Kollegen gehört, dass sie hier Menschen mit Handicap beschäftigen, die bei uns nicht gemeldet sind. In der letzten Woche habe ich mehrfach versucht sie telefonisch zu erreichen, aber entweder war besetzt oder niemand ist an den Apparat gegangen."

Die letzten Wochen waren etwas chaotisch, da man aufgrund einer defekten Telefonanlage zeitweise niemand erreichbar war. Frau Stab erklärt Paul Cvilak, dass jeder Mensch mit einer Behinderung, der in einem Unternehmen angestellt ist, beim Integrationsamt gemeldet sein muss. Die Mitarbeiterinnen und Mitarbeiter des Integrationsamtes prüfen, welcher Grad der Behinderung bei einer Person zugrunde liegt, welche Arbeiten verrichtet werden dürfen und ob dabei Hilfe benötigt wird. Das Integrationsamt überprüft die Auflagen und unterstützt Unternehmen auch finanziell. So sollen Arbeitsplätze barrierefrei gestaltet werden. Zudem gibt es Leistungen von den Rehabilitationsträgern wie Renten- oder Krankenversicherungen.[2]

Nach einer ausführlichen Inspektion durch das Integrationsamt stellt sich heraus, dass einer der beiden Angestellten eine Arbeitsplatzbetreuung braucht. Paul Cvilak erinnert sich an Peter Ringwald, der in der Behindertenwerkstatt als Zivildienstleister tätig war. Mittlerweile studiert Peter in Karlsruhe Sozialpädagogik und

---

[2] Das Integrationsamt ist für die Integration von Menschen mit Behinderung in das Arbeitsleben zuständig. Dabei erhebt das Amt eine Ausgleichsabgabe, die Unternehmen zahlen müssen, wenn sie nicht ausreichend Menschen mit Behinderungen beschäftigen. Zudem stellt das Amt Hilfen, wie Schulungen oder Gelder für die Integration, zur Verfügung. Es achtet darauf, dass der besondere Kündigungsschutz für Menschen mit Behinderung eingehalten wird.

sucht passenderweise eine Anstellung als Werksstudent. Er ist sofort begeistert, als er hört, dass Paul Cvilak einen Sozialarbeiter sucht. So kann er das erlernte Wissen direkt in der Praxis anwenden.

2.2 Geschäftsmodell und -prozesse

Paul Cvilak kann auf den vorhandenen Kundenstamm seines erstgegründeten Unternehmens zurückgreifen. Mit vielen Kunden vereinbart er ein persönliches Gespräch, um das neue Unternehmen vorzustellen. Viele sind von der Idee begeistert und versprechen in Zukunft mit AfB zu arbeiten. Allerdings bleibt der daraus erhoffte Erfolg zunächst aus. Das junge Unternehmen profitiert bisher lediglich von den guten Kontakten des Gründers. So kann das Unternehmen dauerhaft aufgrund des geringen Umsatzes nicht existieren.

Die Zeit vergeht mit einer insgesamt mäßigen Auftragslage, bis sich die Situation eines Tages schlagartig ändert. Nach knapp zwei Jahren bekommt Paul Cvilak einen Anruf, der den weiteren Geschäftsverlauf nachhaltig beeinflussen wird. Der IT-Chef eines großen Energieanbieters, Herr Schmidt, erkundigt sich, wie das Unternehmen AfB funktioniert. Ein Freund hätte ihm von AfB erzählt und sein Interesse für eine Zusammenarbeit geweckt. Paul Cvilak schlägt begeistert ein Treffen in der AfB Zentrale in Ettlingen vor, um die Einzelheiten zu besprechen.

Paul Cvilak trifft Herrn Schmidt in seinem Büro. Nach einer kurzen Begrüßung bei einer Tasse Kaffee erklärt er den Geschäftsablauf bei einem Rundgang:

„Unsere Geschäftspartner informieren uns, dass sie alte IT-Hardware besitzen. Das sind meist mittelständische Unternehmen, die uns bei dem Projekt unterstützen wollen, aber es sind auch geleaste Rückläufer von unseren Kunden. Die Aufträge können dabei über ein eigens dazu entwickeltes Onlineportal vom Kooperationspartner selbst angelegt werden. Natürlich können sie sich auch telefonisch oder per Mail bei uns melden. Wir haben einen eigenen Fuhrpark, der speziell für die Abholung von IT-Hardware ausgestattet ist. Alle unsere Mitarbeiter sind nach § 5 des Bundesdatenschutzgesetztes unterwiesen. Bei der Abholung wird die Ware via Abholschein eingepackt und nach Ettlingen gebracht. Dabei werden die PCs in speziellen Sicherheitsboxen aufbewahrt. Dieser Prozess ist sehr aufwendig und teuer, aber wir wollen unseren Kunden die größtmögliche Sicherheit bieten, damit es nicht zu einem Datenmissbrauch kommt."

Paul Cvilak entnimmt seinem aktiven Zuhörer, dass er noch an weiteren Details interessiert ist.

2.2 Geschäftsmodell und -prozesse

„Nachdem die IT-Hardware in Ettlingen angekommen ist, wird sie im Wareneingangsbereich ausgeladen und ins Sperrlager gebracht. Dabei muss jedes Fahrzeug durch eine spezielle Sicherheitsschleuse. Der ganze Prozess ist videoüberwacht. Im Sperrlager wird die vom Partner angegebene Stückzahl überprüft und jedes Gerät bekommt eine LogID. So kann der Kooperationspartner jeden Schritt nachvollziehen. Über die Homepage kann er den Weg seiner Geräte nachverfolgen. Vom Sperrlager werden die Geräte zur Detailerfassung gebracht, wo sie beispielsweise nach Hersteller, Modell, Seriennummer oder Inventarnummern erfasst und sortiert werden. Unsere Mitarbeiter entscheiden dann, welchen weiteren Vertriebsweg die Geräte nehmen. Die Arbeitsplätze haben also sehr unterschiedliche Aufgaben, an denen Menschen mit den verschiedensten Handicaps arbeiten können."

Vom Sperrlager gehen die beiden zur Detailerfassung der IT-Hardware. Paul Cvilak erklärt, welche Aufgaben in diesem Bereich erledigt werden:

„Nach der Erfassung der Geräte muss geprüft werden, in welchen Zustand die Hardware ist und ob wir sie wirtschaftlich verkaufen können. Geräte die wir nicht verkaufen müssen von ihren Datenträgern befreit werden, die dann ebenfalls eine eigene LogID bekommen, da noch sensible Daten vorhanden sein können. Die Festplatten werden in einer Box eingeschlossen und später im Schredder zerstört. Die restlichen Geräte werden einem Funktionstest unterzogen. Dieser Test ermittelt alle verbauten Komponenten in der Hardware und überprüft das Gerät auf Beschädigungen oder Fehlteile. Monitore oder Drucker die den Test erfolgreich überstehen, werden anschließend gereinigt und ins Verkaufssortiment übernommen. Geräte die wir nicht veräußern können, weil sie beispielsweise zu alt sind oder eine Reparatur keinen Sinn mehr ergibt, kommen zu unserem hauseigenen Zerlegebetrieb. Den werde ich ihnen später auch noch zeigen."

Die beiden gehen durch eine Sicherheitstür zur Abteilung Datenlöschung.

„Jetzt kommen wir zu einem sehr spannenden Abschnitt. Hier gelten die höchsten Sicherheitsbestimmungen. Diesen Bereich dürfen nur autorisierte Mitarbeiter betreten. Er wird ständig videoüberwacht. Hier wird das Gerät geöffnet, um sicherzustellen, dass alle Datenträger angeschlossen sind. Zur Löschung benutzen wir das Programm Blancco, eine vom TÜV-zertifizierte Software. Je nach vereinbartem Löschlevel werden die Datenträger gelöscht und ein Löschbericht erstellt, den unsere Kooperationspartner dann einsehen. Der Löschlevel bestimmt, wie oft der Datenträger durch die Löschsoftware überschrieben und gelöscht wird. Unser Datenbanksystem überprüft am Schluss, ob alle Standards eingehalten wurden. Sollten Probleme oder Abweichungen auftreten, werden diese von Technikern überprüft und behoben."

Als nächstes geht es zum hauseigenen Shop, in dem die aufgearbeitete Hardware verkauft wird.

„Alle Geräte erhalten eine zwölfmonatige Garantie und können auf Wunsch mit einem Installations- und Reparaturservice ausgestattet werden. Außerdem haben wir einen umfangreichen IT-Shop, wo alle Geräte die wir aufgearbeitet haben auch angeboten werden."

Die letzte Station ist die Ersatzteil- und Rohstoffgewinnung. Im sogenannten Zerlegebetrieb werden alle Geräte, die aufgrund ihres Zustandes nicht mehr in das Verkaufssortiment aufgenommen wurden, in ihre Bestandteile zerlegt.

„Wir wollen damit auch eine ökologische Nachhaltigkeit schaffen, indem wir unsachgemäße Entsorgung vermeiden. Bestimmte Komponenten können zur Reparatur verwendet werden und alle anderen werden nach Kupfer, Aluminium, Edelstahl und anderen Metallen getrennt. Um eine fachgerechte Aufbereitung zu gewährleisten, geben wir diese Rohstoffe nur an zertifizierte Entsorger. So können natürlich auch viele Tonnen Rohstoff eingespart werden."

Nach dem einstündigen Rundgang kann Herr Schmidt seine Begeisterung für die Professionalität des Unternehmens und die Arbeitsweise nicht mehr verbergen:

„Sie haben hier eine tolle Sache aufgebaut. Ich denke, Ihre Firma verbindet die professionelle IT-Aufbereitung mit dem Sozialunternehmertum. Unser Unternehmen ist sehr an der Unterstützung sozial- und ökologisch-nachhaltiger Projekte interessiert. Ich mache Ihnen einen Vorschlag: Wir geben Ihnen unsere alte Hardware, ohne dass Sie dafür etwas bezahlen müssen. Im Gegenzug übernehmen Sie die Datenlöschung und stellen uns ein Zertifikat aus, dass wir Ihr Unternehmen unterstützen und damit Menschen mit Behinderung einen Job ermöglichen. Was halten Sie davon?"

Paul Cvilak ist zwar zunächst überrascht von diesem Angebot, sieht jedoch nur Vorteile für sein Unternehmen in der Kooperation. So willigt er ein und beide vereinbaren einen Termin zur Vertragsunterzeichnung. Die Dauer des Kooperationsvertrages wird auf zwei Jahre festgesetzt. Der Vertrag gilt fortan als Mustervertrag für weitere Kooperationen. In den nächsten Monaten führt Paul Cvilak viele weitere Gespräche mit Unternehmen, die Kooperationspartner von AfB werden wollen.

2.2 Geschäftsmodell und -prozesse

Einige spricht Paul Cvilak direkt mit der neuen Referenz an, andere haben bereits über ihre Geschäftspartner von dem Konzept der AfB erfahren. So erlebt das Unternehmen in den nächsten Jahren ein enormes Wachstum. Es werden neue Mitarbeiterinnen und Mitarbeiter eingestellt und weitere Räumlichkeiten in Ettlingen bezogen. Durch das Wachstum entstehen rasch neue Herausforderungen. Einige Kooperationspartner sind so weit entfernt, dass die Abholung der Ware einerseits sehr viel Zeit in Anspruch nimmt und sehr kostenintensiv ist. So entscheidet Paul Cvilak im Jahr 2007, eine weitere Filiale im Industriegebiet Fasanenhof in Stuttgart zu eröffnen. In der dortigen Filiale können alle Leistungen übernommen werden. Paul Cvilak plant, weitere Filialen zu eröffnen, sofern genügend Kooperationspartner in der Nähe vorhanden sind.

Im Jahr 2008 werden Filialen in Unna, Hannover und Jülich eröffnet. Das aufstrebende Unternehmen schafft es im Jahr 2009 sogar in die Öffentlichkeit. Im Ideenwettbewerb „365 Orte in Deutschland – Land der Ideen 2009" unter der Schirmherrschaft des Bundespräsidenten erhält AfB eine Auszeichnung. Das Unternehmen kann weiter expandieren, sodass im Jahr 2011 die erste Filiale außerhalb Deutschlands, in Wien, eröffnet werden kann. Im Jahr 2014 hat AfB über 200 Mitarbeiter/innen an 13 Standorten in Deutschland, Österreich, Frankreich und der Schweiz. Das große Ziel besteht in der Schaffung von 500 Arbeitsplätzen für Menschen mit Behinderung in den nächsten Jahren. Dafür wurde die *Initiative 500 AG* gegründet, an der alle Mitarbeiter/innen beteiligt sind. Neben der AfB sind weitere Unternehmen, u. a. *Mobiles Lernen* und *Social Lease* an der *Initiative 500 AG* beteiligt.

Mit Mobiles Lernen wurde im Jahr 2007 eine Schwestergesellschaft von AfB gegründet. In Nordrhein-Westfalen und Niedersachsen existieren spezielle Notebook-Klassen. Mit einigen Schulen hat AfB einen Kooperationsvertrag geschlossen, um diese Klassen mit Computern auszustatten. Dabei kommen verschiedene Modelle zum Tragen. Im einfachen Leasing wird das Gerät nach einer Laufzeit von drei Jahren zurückgegeben. Wenn die Eltern drei Monate länger die vereinbarte Rate bezahlen, gehört ihnen das Gerät anschließend. Das Gerät kann auch direkt gekauft werden. Bei Problemen oder Reparaturen gibt es einen speziellen Vor-Ort-Service, damit jedes Kind schnell wieder einen funktionsfähigen Rechner hat. Auch bei Beschädigungen gibt es eine spezielle Versicherung, die 90 % der Kosten eines Schadens übernimmt.

Frau Moritz ist Koordinatorin des Projektes bei *Mobiles Lernen* und stellt einige Schwierigkeiten fest:

„Wir können leider keine Verträge mit den Schulen abschließen, weil die nicht die Kapazitäten haben, um die ganze Verwaltungsarbeit zu übernehmen. Deshalb müssen wir mit allen Eltern einzelne Verträge abschließen. Im Moment haben wir über 7.000 Verträge, bei denen wir monatlich prüfen müssen, ob das Geld eingegangen ist. Das ist für uns nicht sonderlich ökonomisch. Außerdem haben wir für sozial schwache Familien einen speziellen Bildungsfond angelegt, damit diese niedrigere Raten zahlen können, als andere Familien. Allerdings erzeugt auch das wieder einen hohen bürokratischen Aufwand, da jede Familie einzeln geprüft wird."

Rückläufer aus dem Leasing werden anschließend in den AfB Kreislauf eingeführt und als Gebrauchtgeräte weiter verkauft. Auf diesem Weg ergänzt sich die Arbeit von AfB und Mobiles Lernen. Die zweite Schwestergesellschaft, Social Lease, trägt ebenfalls zur Sicherung von Arbeitsplätzen für Menschen mit Behinderung bei. Computer und andere Hardware werden an Leasingnehmer vergeben und später an die AfB zurückgeführt. Beim Vergleich der drei Schwestergesellschaften fällt auf, dass AfB als größtes Unternehmen eine Schnittstelle zwischen den Gesellschaften bildet. So sind die drei Geschäftsführer von AfB teils auch für die Schwestergesellschaften zuständig.

Auch die Filialen von AfB sind auf die verschiedenen Geschäftsführer aufgeteilt. Viele Bereiche aus der Aufbereitung der Hardware existieren in jeder Filiale und trotzdem gibt es zentral gesteuerte Prozesse, wie das Marketing oder die Buchhaltung. So soll mit zunehmender Größer verhindert werden, dass die Filialen unkontrollierbar werden. Die Chefin der Buchhaltung, Frau Gräber, beschreibt das Problem wie folgt:

„Bis vor einem halben mussten Bestellungen nicht im zentralen System erfasst werden, sodass niemand wusste, was es in den einzelnen Filialen gibt. Das haben wir jetzt geändert, indem wir ein zentrales System entwickelt haben, wo jeder seine Bestellung elektronisch erfassen muss. So soll auch verhindert werden, dass Bestellungen mit zu hohen Beträgen getätigt werden. Das müssen jetzt die direkten Vorgesetzten oder die Geschäftsführer absegnen."

Im Jahr 2007 wurde AfB als Integrationsunternehmen anerkannt.[3] Damit müssen diverse Pflichten erfüllt werden, wie die Sicherung von Arbeitsplätzen für Menschen

---

[3] Integrationsunternehmen sind wirtschaftliche Unternehmen des allgemeinen Arbeitsmarktes, die dauerhaft bis zu 50 % Menschen mit Behinderung beschäftigen. 2005 waren in Deutschland ca. 700 Unternehmen als Integrationsprojekt registriert und boten 13.000 Menschen mit Behinderung eine Beschäftigung. Die Auflagen und Fördermöglichkeiten sind in SGB IX geregelt.

mit Behinderung und deren arbeitsbegleitende Betreuung. Die Mitarbeiter/innen mit Behinderung müssen fortlaufend qualifiziert und geschult werden, um die Eingliederung in das Berufsleben und eine damit verbundene gesellschaftliche Teilhabe zu gewährleisten. Die Quote der Menschen mit Behinderung darf 50 % nicht überschreiten, da sonst nicht mehr von Integration gesprochen werden kann. AfB hat als Integrationsunternehmen einige Vorteile. Peter Ringwald, der für die arbeitsbegleitende Betreuung zuständig ist, nennt einige:

> „Wenn man einen Menschen mit Behinderung in seinem Unternehmen anstellt, bekommt man eine Förderung vom Land, von der Arbeitsagentur oder der Rentenkasse. Die Förderung ist aber zweckgebunden, sodass beispielsweise spezielle Software für Blinde gekauft werden kann. Wir sind ein Integrationsunternehmen und müssen sowieso Standards wie Barrierefreiheit und spezieller Unterstützung für unsere Mitarbeiter mit Handicap erfüllen. Die Fördergelder können wir aber unabhängig von den Personen investieren. Wenn wir beispielsweise eine neue Maschine benötigen, dann können wir diese davon bezahlen. Trotzdem überwiegt der finanzielle Nachteil im Vergleich zur Förderung."

Ein weiterer Vorteil eines Integrationsunternehmens besteht darin, sich als gemeinnützige GmbH anmelden zu können. Diese Gesellschaftsform verlangt, dass die Quote der Menschen mit Behinderung nicht niedriger als 40 % sein darf. Aufgrund der Gemeinwohlorientierung können diese Gesellschaften Steuervergünstigungen erhalten. Auch die Muttergesellschaft Initiative 500 konnte in diesem Rahmen in eine gemeinnützige Aktiengesellschaft umgewandelt werden.

2.3 Beschaffungsmanagement

Seit einem Unfall im Jahr 2004 sitzt Marina Maurer im Rollstuhl. Sie musste ihre technische Ausbildung abbrechen und hat stattdessen eine Lehre als Bürokauffrau begonnen. Diese hat sie im Jahr 2008 erfolgreich abgeschlossen. Nach einer kurzweiligen Anstellung bei einer Zeitarbeitsfirma wurde Marina Maurer im Jahr 2009 arbeitslos. Sie schildert die damalige Situation folgendermaßen:

> „Durch die Finanzkrise war es gerade für berufstätige Rollstuhlfahrer eine schwere Zeit. Ich verlor meinen Job und hatte Probleme, etwas Neues zu finden. Ich wohne im 60 km entfernten Achern und hatte bisher nichts von der AfB gehört, bis mich ein Bekannter auf das Unternehmen hinwies. Zunächst dachte ich, dass das Unternehmen nichts für mich sei, weil ich von IT keine Ahnung hatte. Außerdem war mein erster

Gedanke, dass das wieder irgend so eine Werkstatt ist, wo ausschließlich Behinderte arbeiten. Da wollte ich überhaupt nicht hin."

Trotzdem ruft Marina Maurer am nächsten Tag bei AfB an und schickt nach positiver Rückmeldung eine Bewerbung. Schon nach wenigen Tagen erhält sie einen Anruf von der Personalabteilung, dass sie zu einem Vorstellungsgespräch eingeladen ist.

„Eigentlich bin ich ohne große Motivation zu AfB gefahren. Doch als ich dann dort war und mir selbst ein Bild von der Firma machen konnte, war ich sofort begeistert. Auch das Vorstellungsgespräch verlief gut, sodass ich im August 2009 bei AfB starten konnte."

Nach knapp vier Jahren bei AfB ist Marina Maurer Key-Account-Managerin für den Bereich Süddeutschland. Dort ist sie für die Akquise und das Management der Kooperationspartner zuständig. Bei der Findung eines neuen Partners muss Frau Maurer als erstes die zuständige Person für IT-Hardware ausmachen. Dabei recherchiert sie beispielsweise auf der Homepage oder in sozialen Netzwerke wie Xing. Das Problem besteht darin, dass je nach Größe des Unternehmens andere Instanzen dafür zuständig sind. Das können beispielsweise IT-Leiter, Einkäufer oder sogar der Vorstand oder die Geschäftsleitung sein. Hier hat sich in den letzten Jahren die Strategie durchgesetzt, eher die Vorstands- oder Geschäftsleitungsebene anzusprechen, da so neue Partnerschaften schneller umgesetzt werden können.

Ferner gibt es Messen oder Veranstaltungen, auf denen neue Kontakte zu potenziellen Partnern geknüpft werden können. Natürlich muss das Unternehmen eine gewisse Größe aufweisen, damit es für AfB interessant ist. Der Aufwand lohnt sich bei einem kleinen Unternehmen mit nur 20 PC-Arbeitsplätzen meistens nicht. Der optimale Kooperationspartner hat mindestens 500-1000 Arbeitsplätze. Große Unternehmen haben meist Richtlinien, zu welchen Bedingungen die IT-Hardware ausgetauscht wird und wo die alten Computern und Monitore landen. Wenn ein Unternehmen gefunden wurde, wird ein persönliches Gespräch mit der zuständigen Person entweder bei AfB in der Zentrale oder im Unternehmen vor Ort vereinbart. Marina Maurer beschreibt diese Gespräche wie folgt:

„Wenn der Kooperationspartner zu uns nach Ettlingen kommt und sieht, wie wir arbeiten und welchen Spaß unsere Mitarbeiter bei ihrer Arbeit haben, dann habe ich ihn meist schon in der Tasche. Sie sind von der Professionalität und der Geschäftsidee meist so begeistert, dass sie noch am gleichen Tag einen Vertrag unterzeichnen. Ich erzähle dann immer die Geschichte, dass auch ich dachte, dass das wieder nur eine

2.3 Beschaffungsmanagement

Behindertenwerkstatt sei, die nicht effizient arbeite. Die Partner hatten meist ähnliche Bedenken und sind auch von der Professionalität überrascht."

Es gibt zahlreiche Vorteile für die Partner von AfB. Das gesellschaftliche Engagement wird mit einer Urkunde bestätigt. In einer Nachhaltigkeitsbilanz berichtet AfB jährlich über die Menge der überlassenen IT-Geräte und über den damit verbundenen sozialen und ökologischen Erfolg. Auch die Pressearbeit kann von AfB koordiniert werden. So lädt AfB regelmäßig Pressevertreter ein, die von verschiedenen Kooperationen berichten. Auch Fernsehauftritte wurden in diesem Rahmen schon arrangiert.

Zeigt ein Unternehmen Interesse, werden im nächsten Schritt die Vertragsdetails ausgehandelt. Welche Vorstellungen hat das Unternehmen von einer Kooperation? Sollen sehr alte Geräte entsorgt, Toner aufgefüllt, neue Hardware geleast oder einfach Altgeräte veräußert werden? Die Verträge werden letztlich individuell abgestimmt. Meistens laufen die Verträge zwei bis drei Jahre. In dieser Zeit wird die komplette Hardware mindestens einmal ausgetauscht. So kann AfB nach der Anzahl der PC-Arbeitsplätze planen, wie viele Computer sie von diesem Kooperationspartner bekommen wird. Je nachdem, wie hoch die Anzahl der brauchbaren Computer und Schrottgeräte ist, wird der Preis ausgehandelt, den AfB zu entrichten hat. Es kann aber auch der Fall sein, dass der Kooperationspartner für die Dienstleistung der Datenlöschung am Ende draufzahlt, sollten zu viele Schrottgeräte dabei sein:

„Meistens wird das in einem ersten Gespräch deutlich. Wie ist die Firma organisiert? Wie sind die internen Strukturen? Wie oft wird die Hardware ausgetauscht? Wir sind eben kein Entsorgungsbetrieb, bei dem die Unternehmen einfach ihre alten Sachen abgeben können. Mit der Weitervermarktung der Computer werden Arbeitsplätze für Menschen mit Behinderung geschaffen. Das verstehen die Unternehmen auch. Meistens machen wir zwei bis drei Probeläufe, damit wir wissen, wie das Unternehmen funktioniert und welche Ware wir bekommen."

Dabei muss natürlich geprüft werden, in welchem Zustand sich die Ware befindet. Wenn dabei nur Altgeräte aus dem Lager kommen, die nicht mehr verkauft werden können, muss mit dem Kooperationspartner nachverhandelt werden. Wenn es nur die reine Datenlöschung und anschließende Entsorgung beinhaltet, wird das in Rechnung gestellt.

„Wir arbeiten da schon immer auf Vertrauensbasis. Das Vertrauen wird aber nicht nur von unserer Seite entgegengebracht, sondern auch von unserem Kooperationspartner.

Die erste Lieferung ist meistens nur Schrott, weil alles aus dem Keller geholt wird, was da ist. Aber mit den nächsten Lieferungen wird es dann meistens besser, sodass es sich irgendwann die Waage hält. Ich sage mal ein 70-zu-30-Regelung – 70 % funktionsfähige Ware und 30 % defekte Ware – ist für alle Beteiligten ein guter Mittelweg."

Entscheidend ist auch die Motivation des jeweiligen Unternehmens hinter einer Partnerschaft mit AfB. Einige sehen darin eine Corporate-Social-Responsibility(CSR)-Initiative. Andere Unternehmen wollen nur die Dienstleistung der Datenlöschung in Anspruch nehmen, ohne primär Menschen mit Behinderung zu unterstützen. Dies kann etwa bei Unternehmen der Fall sein, die keine Werbung machen und über einen Direktvertrieb organisiert sind. Viele Unternehmen sehen sich eher zwischen diesen Extremen. Die AfB muss die Motivation des Unternehmens beim weiteren Management der Partnerschaft berücksichtigen. Partner, bei denen der soziale und ökologische Gedanke im Vordergrund steht, bekommen einen ausführlichen Nachhaltigkeitsbericht.

Außerdem wird für die Kooperationspartner ein spezieller Service angeboten. Mitarbeiterinnen und Mitarbeiter von AfB richten einen Verkaufsstand mit aufbereiteten Notebooks, PCs, Monitoren und Druckern direkt auf dem Firmengelände des Kooperationspartners ein. Der Aufbau dauert im Normalfall weniger als eine Stunde und der Stand ist je nach Andrang bis zu sechs Stunden geöffnet. Den Tag des Verkaufs kann der Partner auswählen, damit möglichst viele Angestellte von den Angeboten profitieren können. Im Vorfeld stellt AfB geeignete Werbemittel, wie Plakate oder Flyer, zur Verfügung. Für die Angestellten der Kooperationspartner hat das den Vorteil, dass sie einen kurzen Weg zum Verkauf haben und ihren persönlichen Arbeitscomputer wiedererwerben können. Für die Kooperationspartner bietet der Verkaufsstand die Möglichkeit, den Angestellten eine soziale und preisgünstige Leistung anzubieten:

„Das ist eine tolle Idee! Unsere Mitarbeiter fragen ständig, ob es die Möglichkeit gibt, dass sie ihren alten Rechner privat weiter nutzen können. Diese Frage mussten wir bisher verneinen. Auf diesem geschickten Weg können wir dieses Problem beheben."

Wenn ein Unternehmen länger unter Vertrag steht, bietet AfB regelmäßig einen Vor-Ort-Verkauf an. Eine weitere Leistung für langfristige Partner ist die Unterstützung beim sogenannten Roll-Out. Dabei wird der Austausch sämtlicher IT-Hardware bei einem Generationswechsel organisiert. AfB unterstützt seinen Kooperationspartner bei Abbau, Transport und Installation der Software auf den neuen Rechnern. Frau Maurer beschreibt die Motivation zur Unterstützung solcher Roll-Outs:

2.3 Beschaffungsmanagement

„Wir wollen zeigen, dass wir trotz unserer Gemeinnützigkeit genauso professionell auftreten können, wie andere Unternehmen. Wir sind also immer ansprechbar für unsere Kooperationspartner, falls es Sorgen oder Probleme mit der IT gibt. Außerdem bekommen wir auf diesem Weg eventuell eine höhere Stückzahl an gut erhaltener Hardware."

Es gibt dennoch Unternehmen, die eher skeptisch gegenüber AfB sind, aufgrund der Sicherheitsansprüche an ihre Daten. So kamen in der Vergangenheit einige Partnerschaften nicht zustande, da AfB nicht genügend Argumente für die Sicherheit liefern konnte. Deshalb ist Professionalisierung des Unternehmens so wichtig. Im Jahr 2011 wurde eine Zertifizierung nach DIN ISO 9001 vorgenommen. Mit dieser Qualitätsmanagementnorm möchte AfB gegenüber seinen Kooperationspartnern das Einhalten bestimmter Standards signalisieren.

Das Qualitätsmanagement bedeutet unter anderem, dass jede/r Mitarbeiter/in eine Einweisung für seinen Arbeitsplatz erhalten muss. Dafür muss ein Formblatt für jeden Arbeitsplatz angelegt und unterschrieben werde. Der TÜV überprüft die Umsetzung der Standards und stellt ein zeitlich begrenztes Zertifikat aus. Die Überprüfung wird in regelmäßigen Abständen wiederholt. Der Datenlöschbereich wurde zusätzlich nach einer speziellen IT-Norm zertifiziert, um den Kooperationspartnern mehr Sicherheit zu bieten. Der Leiter des Client Services bei Schaeffler, ein neuer Kooperationspartner, äußert sich sehr angetan:

„Ich bin davon überzeugt, dass AfB die Daten auf unseren Festplatten unwiderruflich bereinigt und für die Wiederverwendung optimal aufbereitet. Eine Kooperation kann ich jedem nur empfehlen."

Infolge der Zertifizierungen hat die Anzahl der Ablehnungen abgenommen. Einige Unternehmen melden sich direkt bei Marina Maurer, ohne dass sie vorher einen Kontakt hergestellt hatte. Sie kennen das Konzept bereits aus anderen Unternehmen und müssen nicht mehr überzeugt werden. Sie sagt dazu:

„Das sind die besten Gespräche. Da muss ich gar nicht mehr viel machen, weil die schon überzeugt sind. Viele Leute kennen sich ja aus der IT-Branche und erzählen, mit welchen Unternehmen sie zusammenarbeiten. So gibt es auch Mundpropaganda. Wenn wir unsere Arbeit gut machen, werden wir natürlich auch weiterempfohlen. Das wollen wir in Zukunft steigern."

So kam es dazu, dass AfB erst mit Schaeffler und dann mit zwei weiteren großen Unternehmen aus Herzogenaurach, Puma und Adidas, eine Kooperation eingehen konnte. Herr Cvilak drückt das folgendermaßen aus:

"Unsere erfolgreiche Entwicklung verdanken wir besonders den Unternehmen, die mit uns als Partner für IT-Remarketing zusammenarbeiten und als Multiplikatoren für unsere Idee des gemeinnützigen IT-Systemhauses eintreten."

Im März 2012 erhält Paul Cvilak einen Anruf von Peter Spiegel, dem Organisator der jährlich in Berlin stattfindenden Konferenz *Vision Summit*. Diese Veranstaltung bietet die Möglichkeit, sich innerhalb der Social Entrepreneurship und Social Business Community auszutauschen und zu vernetzen. Ein Höhepunkt bildet die Preisverleihung des Vision Awards für herausragende Leistungen im sozialen Bereich. In diesem Jahr soll AfB den Hauptpreis erhalten. Paul Cvilak erinnert sich:

"Ich war schon sehr überrascht, als mich Herr Spiegel anrief und mir mitteilte, dass wir den Award bekommen werden. Ich wusste gar nicht, was ich sagen sollte. Es gab vorher keinen Kontakt oder eine Nominierung. Er hat mich dann auch zur Preisverleihung nach Berlin eingeladen. Das war ein tolles Erlebnis. Das hat uns auch noch mal einen richtigen Schub gegeben."

Nur wenige Monate später kann in Berlin eine neue Filiale eröffnet werden, da durch die Konferenz entscheidende Kooperationspartner gewonnen werden konnten. Das Jahr 2013 birgt noch weitere positive Überraschungen für AfB. Im September erhält der zweite Geschäftsführer, Daniel Büchle, einen Anruf der Kommission für den Deutschen Nachhaltigkeitspreis. Die AfB ist im Bereich kleine und mittelständische Unternehmen (KMU) für eine Auszeichnung nominiert. Der deutsche Nachhaltigkeitspreis ist eine der größten Auszeichnungen in den Bereichen Nachhaltigkeit, Social Business und Social Entrepreneurship. Seit 2008 werden Unternehmen prämiert, die wirtschaftlichen Erfolg mit einer nachhaltigen und sozialen Verantwortung für Gesellschaft und Umwelt kombinieren. Ziel ist es, Personen aber auch Unternehmen zu motivieren, die Grundsätze nachhaltigen Wirtschaftens besser zu verankern. Im Jahr 2012 haben sich 680 Unternehmen in 6 verschiedenen Kategorien um die Auszeichnung beworben.

Am 7. Dezember 2012 ist es dann endlich soweit. Alle nominierten Unternehmen sind nach Düsseldorf ins Maritim Hotel eingeladen und warten gespannt auf die Preisverleihung. Gesine Schwan überreicht den Preis an die Gewinner. Sie tritt auf die Bühne und sagt ein paar Worte zu den nominierten Unternehmen. Dann öffnet sie den Umschlag und gibt den Gewinner bekannt:

"Der Gewinner des Deutschen Nachhaltigkeitspreises 2012 im Bereich KMU ist die AfB social & green IT gGmbH!"

2.4 Personalmanagement von Menschen mit Behinderung

Paul Cvilak, Herr Büchle und Herr Rau, die drei Geschäftsführer von AfB, sind begeistert. Herr Büchle geht nach vorn, um den Preis entgegenzunehmen:

„Die Ehrung durch die Jury des Deutschen Nachhaltigkeitspreises ist für AfB ein Beweis dafür, dass wir mit unserem Konzept auf dem richtigen Weg sind und gemeinsam mit unseren Partnerfirmen wesentlicher Bestandteil einer nachhaltigen Entwicklung sind."

2.4 Personalmanagement von Menschen mit Behinderung

Besonderheiten Nach seinem Studium der Sozialpädagogik beginnt Peter Ringwald im Jahr 2009, als Betriebssozialarbeiter[4] bei AfB zu arbeiten. Er ist etwa dafür zuständig, dass an jedem Arbeitsplatz Mitarbeiter/innen nach ihren spezifischen Fähigkeiten eingesetzt werden. Hierbei muss er auf jede/n Mitarbeiter/in einzeln eingehen und prüfen, wo er/sie je nach Behinderung und Qualifikation eingesetzt werden kann. Bei richtigem Einsatz können Menschen mit Behinderung genauso leistungsfähig sein wie ihre Kollegen ohne Behinderung.

Daher kommt bei AfB der Personaleinsatzplanung eine besonders wichtige Rolle zu. Gerade bei Krankheit kann schneller auf einen Ausfall reagiert werden, wenn für jede Position Stellvertreter/innen festgelegt werden. Dabei müssen die Stärken und Schwächen der Beschäftigten genau bestimmt werden, um eine gute Eingliederung treffen zu können. Diese Aufgabe übernimmt der Betriebssozialarbeiter. Jeden Morgen macht Peter Ringwald einen Rundgang durch die Teststraße und fragt die Mitarbeiter/innen, ob alles funktioniert und wo es Probleme gibt:

„Es gibt Tage, da funktioniert alles wie am Schnürchen. An anderen Tagen dauert mein Rundgang drei bis vier Stunden, weil es viele Probleme gibt. Das geht teilweise so weit, dass ein Mitarbeiter nicht arbeiten kann, weil der Besen, der gestern links vor

---

[4] Betriebssozialarbeit ist eine freiwillige und in der Ausgestaltung flexible Maßnahme von Unternehmen. Trotzdem ergeben sich enorme Vorteile, da Probleme der Mitarbeiter/innen, die sich auf die Arbeitsqualität auswirken können, abgefedert werden können. So werden Hilfen zu persönlichen, betrieblichen, psycho-sozialen und finanziellen Problemen angeboten.

der Tür stand, nun aber rechts steht. Dann funktioniert sein Arbeitsablauf nicht mehr, weil sich die Struktur, die er eigentlich gewöhnt ist, verändert hat."

Weiterhin soll ein regelmäßiger Austausch mit allen Abteilungen potenzielle Probleme bereits im Vorfeld verhindern. Dabei wird oft über vermeintliche Kleinigkeiten gesprochen, die aber für den täglichen Arbeitsablauf essenziell sind.

Die Mitarbeiter/innen in der Produktion sind geistig und kognitiv meist nicht so gut entwickelt wie die gut ausgebildeten Systemelektroniker, können aber in Sachen Produktivität durchaus mithalten. Die Systemelektroniker haben ein großes Fachwissen und können ihre Arbeit schneller erledigen, aber oftmals verlieren sie bereits nach ein paar Wochen die Motivation. Die Mitarbeiter/innen bei AfB sind auch nach mehreren Monaten oder Jahren mit ihrer Arbeit nicht unterfordert. Es ist für sie immer wieder eine spannende Aufgabe, beispielsweise ein neues Gerät zu untersuchen, oder sich an Veränderungen im Arbeitsablauf anzupassen. Von dieser Motivation profitiert das ganze Unternehmen. Zufriedene Mitarbeiter/innen werden seltener krank und verrichten bessere Arbeit. Eine Mitarbeiterin aus der Produktion äußert sich dazu:

> „Ich bekomme fast jeden Tag einen anderen Computer. Es ist für mich immer wieder eine spannende Aufgabe, so ein neues Gerät zu haben. Das macht sehr viel Spaß."

Die Mitarbeiter/innen bei AfB haben viele verschiedene Behinderungen. Beispielsweise arbeiten psychisch kranke Menschen mit Zwängen oder Depressionen eine gewisse Zeit sehr effizient. Sie haben aber regelmäßige Tiefphasen, wodurch es zu langen Ausfallzeiten kommt. Dann kann es durchaus ein halbes oder ein ganzes Jahr dauern, bis sie an ihren Arbeitsplatz zurückkehren können. Dies macht die Planung ungemein schwierig. Anders sieht es mit Mitarbeiter/innen mit geistigen oder körperlichen Behinderungen aus, da diese sehr konstant arbeiten. Herr Ringwald beschreibt das folgendermaßen:

> „Wir haben jemanden im Lager, der ist immer da. Der ist super loyal und motiviert. Er hat einen Job, der für ihn passt, bei dem er sich auskennt. Das macht er super. Wir brauchen ihn. Aber natürlich ist er kein Teamleiter. Am wichtigsten ist es, zu schauen, was wer mit welcher Behinderung an welchem Arbeitsplatz leisten kann."

Regelungen und Vorschriften Als anerkanntes Integrationsunternehmen und gemeinnützige GmbH muss AfB eine Beschäftigungsquote von 40–50 % für Menschen mit Behinderungen erfüllen. Der Grad einer Behinderung in Prozent ist

2.4 Personalmanagement von Menschen mit Behinderung

nicht entscheidend für die Anerkennung, sondern das Vermittlungshemmnis auf dem ersten Arbeitsmarkt. Ein Rollstuhlfahrer hat beispielsweise kein Vermittlungshemmnis, wenn er in der Telefonzentrale beschäftigt wird, obwohl er zu 100 % schwerbehindert ist. Wenn AfB die gleiche Person im Büro beschäftigt, wo Ordner angelegt werden müssen, dann benötigt die Person immer Unterstützung. Es hängt also immer davon ab, wo die Menschen eingesetzt werden.

Ein großes Problem für AfB besteht darin, dass die Regeln und Vorschriften in jedem Bundesland anders sind, sodass jede Filiale andere Kriterien erfüllen muss. In Bayern stellt beispielsweise jede/r mit einem Schwerbehindertenausweis ein Hemmnis dar. In Baden-Württemberg gibt es komplexere Regeln, da hier bei der Auswahl bestimmte Kriterien eingehalten werden müssen. Weitere Probleme bestehen darin, Mitarbeiter/innen mit speziellen Qualifizierungen oder Ausbildungen zu finden, wie Peter Ringwald bemerkt:

> „Wir haben gerade erst jemanden für die Marketingabteilung gesucht. Es ist fast nicht möglich, jemanden zu finden, der Fachwissen mitbringt und in die Quote passt. Das ist eher ein Glücksverfahren. Im Zerlegbetrieb oder in der Teststraße ist es natürlich einfacher, da die Arbeiten nicht so komplex sind. Jemand, der ein gewisses Fachwissen mitbringt, bewirbt sich nicht beim Integrationsfachdienst. Der bewirbt sich ganz normal, ist völlig selbständig und braucht keine Unterstützung. Die dann zu finden, ist sehr schwierig, gerade wenn wir anspruchsvollere Arbeitsplätze besetzen wollen."

Herauszufinden, welcher Arbeitsplatz für welche Person geeignet ist, bedeutet sehr viel Arbeit. Bevor ein/e Mitarbeiter/in neu eingestellt wird, ist ein Praktikum bei AfB von mindestens acht Wochen zu absolvieren. Viele Praktikant/innen werden vom Integrationsamt oder Arbeitsamt vermittelt. Am Vorstellungsgespräch nehmen nicht nur die Personalabteilung und Peter Ringwald teil, sondern auch die zuständige Person des Integrationsamtes. Wenn der Bewerber bzw. die Bewerberin von einer Werkstatt zu AfB vermittelt wird, ist zusätzlich die betreuende Person dieser Einrichtung anwesend. Während des Praktikums wird individuell geschaut, ob der Bewerber bzw. die Bewerberin handwerkliches Geschick oder andere Fertigkeiten besitzt. Das erfordert zwar viel Geduld und Zeit, aber nach einer gewissen Zeit lernen die Abteilung und Peter Ringwald die Person gut kennen.

Allerdings reicht die Zeit des Praktikums meistens nicht aus, um das Teamverhalten zu ermitteln. Die anfängliche Motivation kann im Laufe der Zeit abfallen und dann muss die Mitarbeiterin bzw. der Mitarbeiter in seinem/ihrem Team funktionieren. Der soziale Umgang unter den Beschäftigten ist teilweise wichtiger als die individuellen Fähigkeiten. Passt jemand nicht in das Team, hat das deutlich stärkere Auswirkungen als in konventionellen Unternehmen. Bei AfB kann eine schlechte Stimmung die ganze Abteilung durcheinander bringen. Deshalb ist es wichtig, ein längeres Praktikum vor der Einstellung durchzuführen. So kann Peter Ringwald herausfinden, ob die Person in das Teamgefüge passt. In der Vergangenheit konnten einige Mitarbeiter/innen trotz ihrer guten Arbeit nicht eingestellt werden. Peter Ringwald erläutert ein Beispiel dazu:

„Im Zerlegbetrieb sind wir gerade auf der Suche nach neuen Mitarbeitern. Wir hatten einen Praktikanten, der es in kürzester Zeit geschafft hat, die Mitarbeiter so stark zu beeinflussen, dass sie nicht mehr richtig wussten, was sie jetzt eigentlich tun sollen. Klare Vereinbarungen waren auf einmal nicht mehr klar. Er hat mit so viel Vehemenz seine Meinung vertreten, dass die anderen nicht mehr genau wussten, ob das zählt, was ich gesagt habe oder der Kollege. Leider hat er sich nicht gut in das Team eingliedern können. Er wollte die anderen immer anführen."

Auch für eine bessere Teamarbeit gibt es die monatliche „Regelkommunikation", in der die jeweiligen Teams zusammen sitzen, um aktuelle Probleme zu besprechen. Weiterhin soll jede/r aus seiner Perspektive die letzten Tage und Wochen reflektieren. Ein gemeinsames Verständnis zwischen den Mitarbeiter/innen mit und ohne Behinderung sollte häufig aufgefrischt werden. Diese gemeinsame Problemreflexion hilft den Mitarbeitern, ein besseres Verständnis für ihre Kollegen aufzubauen, um so langfristig die Zusammenarbeit in den Teams zu verbessern:

„Wir sagen immer, dass jeder sein Päckchen zu tragen hat. Das ist die Schwierigkeit. Bei einer körperlichen Behinderung ist es offensichtlich, aber bei psychischen Erkrankungen sieht es der Kollege selten, wenn jemand an seine Grenzen stößt. Das Gespür haben die wenigsten. Das müssen wir sehr oft erklären."

Die regelmäßigen Meetings geben vielen Mitarbeiter/innen eine Struktur, die sie benötigen, um ihre Arbeit ausführen zu können. Wenn es doch mal Probleme mit einer/m Beschäftigten gibt, die auch nicht von dem Betriebssozialarbeiter gelöst werden können, wendet sich AfB an den Integrationsfachdienst. Dieser ist zuständig für alle Menschen mit Behinderung in Arbeit und bietet eine neutrale Position, um zwischen Arbeitgeber und Mitarbeiter/in zu vermitteln. Außerdem übernimmt der Dienst weitere Aufgaben wie das Treffen einer Vorauswahl bei möglichen Einstellungen.

Nach der Hälfte des Praktikums gibt es ein Gespräch zwischen Betriebssozialarbeiter/in, Mitarbeiter/in beim Integrationsfachdienst und Personalverantwortliche/er bei AfB. Die Praktikantin bzw. der Praktikant beschreibt seine/ihre Arbeit und etwaige Probleme. Am Ende des Praktikums setzen sich alle Beteiligten erneut

2.4 Personalmanagement von Menschen mit Behinderung

zusammen. Dabei wird überlegt, ob die Person bei AfB übernommen werden kann. Die Attraktivität von AfB ist in den letzten Jahren stark gestiegen, sodass es eine Warteliste für Praktikant/innen gibt. Die langfristige Aufgabe von AfB als Integrationsprojekt besteht darin, Menschen mit Behinderung an den ersten Arbeitsmarkt heranzuführen. Sobald ein/e Mitarbeiter/in sich bei AfB etabliert hat und sich zutraut auch in einen konventionellen Unternehmen zu arbeiten, wird sie/er ermutigt, sich woanders zu bewerben. Auf diese Weise wird wieder ein neuer Platz für einen Menschen mit Behinderung frei, dem bei der Integration geholfen wird.

AfB entwickelt in Zusammenarbeit mit der IHK einen eigenen Ausbildungsberuf für den IT-Bereich, der speziell auf Menschen mit Behinderung zugeschnitten ist. Die Ausbildung wird für Werkstattmitarbeiter/innen angeboten, die so eine qualifizierte Berufsausbildung erlangen können. Die Ausbildung zum „Fachpraktiker/in für IT-Systemelektronik" dauert drei Jahre. Der Praxisteil findet an drei bzw. vier Wochentagen an den AfB-Standorten statt. Dabei lernen die Auszubildenden das Kerngeschäft von AfB kennen: Aufbereitung, Verkauf und Recycling von gebrauchter IT-Hardware. Die theoretischen Kenntnisse werden an den verbleibenden Wochentagen im Schulungszentrum in Jülich vermittelt. Bei erfolgreicher Ausbildung erhalten die Azubis einen unbefristeten Arbeitsvertrag. Es besteht aber auch die Chance, in anderen Unternehmen der IT-Branche eine Anstellung zu bekommen. Dieses Konzept bezeichnet AfB als Werkstatt-Ausbildung-Beruf (WAB).

Probleme und Anpassungen Um die Arbeit zu erleichtern, gab es in den letzten Jahren zahlreiche Anpassungen in den Arbeitsprozessen. Eine der wichtigsten Änderungen ist die Einführung eines neuen Warenwirtschaftssystems. In diesem System können alle buchhalterischen Vorgänge, Spesenerfassung, Kassenbücher der Filialen, Lagerverwaltung, Auftragseingänge und Rechnungen erfasst werden. Neben der Anpassung an den Geschäftsablauf gibt es auch Veränderungen im alltäglichen Umgang mit der Software. Einigen Mitarbeiter/innen fällt es beispielsweise schwer, eine Maus zu bedienen, da sie körperliche Einschränkungen haben. Mit dem neuen Programm können alle Schritte auch mit der Tastatur erledigt werden. Bei der Umsetzung wird darauf geachtet, dass das Programm eine einfache Struktur hat, damit niemand überfordert ist. Auf jedem Formular gibt es nur wenige Felder zum Ausfüllen, die zudem besonders groß abgebildet sind, damit auch Menschen mit Aufmerksamkeitsdefiziten das Programm ohne Probleme bedienen können.

Im ersten Schritt wurde den Mitarbeiter/innen eine Testversion zu Verfügung gestellt, um Schwachstellen des Programms zu identifizieren. Viele hatten schon damit große Probleme, weil ihre Routine unterbrochen wurde. Herr Ringwald erklärt die Probleme wie folgt:

„Viele Mitarbeiter haben eine Routine entwickelt, immer oben links zu klicken, weil sie schon immer oben links geklickt haben. Der Button war dann aber auf einmal oben rechts, sodass einige Mitarbeiter etwas verwirrt waren. Sie konnten dann gar nicht mehr richtig arbeiten. Wir mussten dann erst erklären, warum sie jetzt woanders klicken müssen. Veränderungen im Ablauf bedeuten immer auch immer viel Arbeit für mich, weil ich viele Dinge dann neu erklären muss."

Außerdem werden für die betroffenen Mitarbeiterinnen und Mitarbeiter Schulungen angeboten, damit sie das neue Programm schneller erlernen können. Die Schulungen sind auf spezielle Arbeitsplätze ausgerichtet, damit der teilnehmende Personenkreis möglichst klein ist. Für diese Maßnahmen und Programmieraufgaben beschäftigt AfB drei Programmiererinnen und Programmierer sowie eine technische Redakteurin, die die Bedienungsanleitungen und Grafiken für die Eingabemasken erstellen. Trotzdem treten nach der Testphase noch viele Fragen auf. Die Beschäftigten müssen lernen, dass bei einem Problem nicht einfach weitergearbeitet werden kann, sondern sofort jemand kontaktiert muss. Pro Tag bekommt Peter Ringwald so mindestens 20 Anrufe.

Ein weiteres Problem besteht darin, dass einige Mitarbeiter/innen einen sehr hohen Krankenstand aufweisen. Es gibt einige psychisch kranke Personen, die seit fast einem Jahr nicht mehr im Betrieb waren. Bei diesen Mitarbeiterinnen und Mitarbeitern macht sich Stress und Ärger am Arbeitsplatz besonders deutlich bemerkbar. In der Buchhaltung gibt es während des Sommers sehr viel Stress, da es viele Termine gibt und das Finanzamt die Umsatzsteuervoranmeldung verlangt. Eine Mitarbeiterin hat diesem Druck nicht mehr standhalten können und ist nun schon seit sechs Monaten krankgeschrieben. Der Verwaltungschef Herr Höger beschreibt ihre Situation:

„Frau Klingel ist aufgrund ihrer Krankheit eine sehr zurückhaltende Person. In den alten Büros saß sie mir genau gegenüber. Ich versuchte, den Kontakt zu ihr aufzubauen, indem wir über das Wochenende oder den geplanten Urlaub gesprochen haben. Sie wurde dann ein wenig lockerer, weil sie merkte, dass sie sich keine negativen Gedanken machen muss. Sie hat sogar angefangen, einfach von sich aus etwas zu erzählen."

Für Frau Klingel fällt es aufgrund ihrer Erkrankung schwerer, mit eigenen Fehlern umzugehen. Es ist fast unmöglich, sie auf ihre Fehler aufmerksam zu machen. Umso schwieriger ist es, sie in einem Bereich einzusetzen, in dem Genauigkeit sehr wichtig ist. Auch für die Führungskraft ist es eine schwierige Situation, da die Art der Behinderung nicht an die Führungskräfte weitergegeben werden darf. Das macht eine empathische Haltung sehr schwierig. Der Betriebssozialarbeiter versucht, jede Führungskraft dabei zu unterstützen, mit ihren Mitarbeiterinnen und Mitarbeitern bestmöglich umzugehen. Herr Höger sagt dazu Folgendes:

„Ich persönlich kann aus meiner Erfahrung sagen, dass ich vielleicht mit Frau Klingel etwas anders umgegangen wäre, wenn ich gewisse Dinge im Vorhinein gewusst hätte. Allerdings bekomme ich als Vorgesetzter manchmal gar nicht mit, welche Einschränkung bestimmte Bewerber haben. Ich weiß es auch nach der Einstellung nicht. Körperliche Behinderungen sieht man ja, bei psychischen Krankheiten wird es schon schwieriger. Wenn ich vorher gewusst hätte, dass die Frau Klingel eine Psychose hat, dann wären mir die Fehler, die sie gemacht hat, klar gewesen. Ich habe immer gedacht, dass sie einfach unkonzentriert oder unmotiviert gewesen ist."

Um diese Probleme zu lösen, werden regelmäßig Schulungen für Führungskräfte angeboten, in denen sie die Krankheiten kennenlernen und mögliche Reaktionen trainieren.

2.5 Vertrieb von Social Businesses

Entstehung der wellcome gGmbH Wir befinden uns in Hamburg im Januar 2001. Gesine Volz-Schmidt arbeitet seit 20 Jahren als Leiterin einer Familien-Bildungsstätte im Kirchenkreis in Hamburg-Niendorf. Sie hat Sozialpädagogik studiert und ist Expertin für Familienpädagogik. In ihrer Arbeit entwickelt sie neue Kursprogramme für junge Familien, baut „Väterarbeit" auf und hilft Müttern bei der Vorbereitung auf die Geburt. Trotz der langjährigen Erfahrung erlebte Frau Volz-Schmidt eine schwere Zeit während ihrer Schwangerschaft und nach der Geburt ihres ersten Kindes. Die Geburt verlief nicht ohne Komplikationen. Nach der Geburt des Kindes hatte der Vater nur wenig Zeit, seine Frau zu unterstützen, da er aus beruflichen Gründen häufig unterwegs war. Kurz vor der Geburt ist die Familie in eine neue Wohnung gezogen, sodass das nachbarschaftliche Umfeld neu und unbekannt war. Viele Freunde und Bekannte der Familie leben in Süddeutschland und konnten die junge Familie daher nicht unterstützen.

Die Geburt eines Kindes bedeutet für jede Familie einen großen Umbruch. Strukturen und Gewohnheiten müssen aufgegeben werden. Das Kind nimmt sehr viel Raum ein und bestimmt den Tages- und Nachtrhythmus von Mutter und Vater. Viele Menschen haben Probleme mit der neuen Situation, wenn es keine familiäre oder freundschaftliche Unterstützung gibt. In der Zeit nach der Geburt musste Gesine Volz-Schmidt mit wenig Unterstützung auskommen. Dies hat ihre Sichtweise auf andere Mütter in ähnlichen Situationen nachhaltig geprägt. Sie hat mit vielen Frauen gesprochen und erfahren, dass die hohe Belastung junge Familien häufig überfordert. Sie kam zu dem Schluss, dass Familien eine ganz andere Betreuung brauchen, als bisher vom Staat angeboten wird. Auch Hebammen können in dieser Situation nicht weiterhelfen, da sie die meiste Zeit mit der Geburtsvorbereitung verbringen.

So kommt Gesine Volz-Schmidt auf die Idee, ein Konzept zur Unterstützung und Kindesbetreuung für junge Familien in ihrer Familienbildungsstätte zu etablieren. Das neue Programm soll *Wochenbettservice* heißen und kann als moderne Nachbarschaftshilfe angesehen werden. Nach der Geburt leisten Ehrenamtliche praktische Hilfe zur Unterstützung der jungen Eltern. Die Mitarbeiter/innen kommen an zwei Tagen in der Woche für ein paar Stunden zu den Familien nach Hause. Die Hilfe äußert sich beispielsweise in der Betreuung des Säuglings, einer Begleitung zum Arzt oder der Betreuung der Geschwisterkinder. So haben die Mütter auch mal Zeit für Dinge, für die sie sonst keine Zeit hätten. Auch persönliche Gespräche mit den Ehrenamtlichen können den Eltern helfen, ihre Situation zu meistern. Die Ehrenamtlichen werden von einer professionellen Fachkraft ausgewählt, die mit allen Familien Gespräche führt, um die dortige Situation zu verstehen und die Ehrenamtlichen bestmöglich zuzuordnen.

So können das Expertenwissen der Bildungsstätte und der Wunsch zu helfen vieler Ehrenamtlicher kombiniert werden. Dies ist die Geburtsstunde von *wellcome*. Zunächst wird das Konzept in Norderstedt und in Hamburg-Niendorf, zwei Bildungsstätten für die Gesine Volz-Schmidt arbeitet, etabliert.

Gesine Volz-Schmidt sieht die damalige Situation wie folgt:

„In den letzten Jahren gab es viele Veränderungen in der Gesellschaft, die zu mehr Komplexität geführt haben. Die sozialen Systeme konnten nicht schnell genug wachsen, um die Komplexität zu beherrschen. Innovative Ideen sind gefragt, die die alten Strukturen entlasten. Wir müssen die gesellschaftlichen Transformationen abfedern, weil das die eigentliche Problemprävention ist. Das war dieser wellcome-Ansatz. Deswegen sind wir eher in der mittleren Bevölkerungsschicht angesiedelt, wo wir das ganze Spektrum haben von gewöhnlichen Familienmodellen zu Alleinerziehenden, bis zu multilingualen Migrantenfamilien. Wir wollten allen Menschen in der Gesellschaft helfen, auch einem Manager-Ehepaar. Nur weil die ein gutes Einkommen und eine gute Ausbildung haben, heißt das nicht, dass sie mit der neuen Situation besser zurechtkommen. Das Gegenteil ist häufig der Fall."

Einige Monate nach Auftakt des Programms liest Gesine Volz-Schmidt in der Wochenzeitung *DIE ZEIT* von dem Wettbewerb Startsozial, der von der rot-grünen Regierung im Jahr 2000 ins Leben gerufen wurde, um neue Impulse für soziales Engagement zu geben. Für die Bewerbung gibt es folgende Bedingungen: Es muss an einer nachhaltigen Lösung eines sozialen Problems gearbeitet werden, bei dem Ehrenamtliche in das Konzept eingebunden werden. Für die Darstellung des

2.5 Vertrieb von Social Businesses

Projektes muss ein Businessplan geschrieben werden. Für Gesine Volz-Schmidt ist das Verfassen eines Businessplanes eine völlig neue Erfahrung. Das Internet bietet ihr jedoch genug Möglichkeiten, den Plan zu verfassen. Am 31. Juli 2001 hat sie ihren Businessplan fertig und reicht ihn bei Startsozial ein. Sie macht sich jedoch wenig Hoffnung, in die engere Auswahl zur Förderung zu kommen. Per E-Mail wird ihr mitgeteilt, dass bis zum 21. August die Jury über die verschiedenen Projekte entscheidet. Am 22. August klingelt ihr Telefon und ein Mitglied der Jury meldet sich:

> „Herzlichen Glückwunsch, Frau Volz-Schmidt! Ihre Idee wurde für die weitere Förderung ausgewählt, sodass Sie nun offizielle Stipendiatin von Startsozial sind."

Gesine Volz-Schmidt kann kaum fassen, dass sie mit ihrem Businessplan die Jury überzeugen konnte. Ihre Idee, Eltern nach der Geburt ihres Kindes mit Ehrenamtlichen zu unterstützen und dies als Sozialunternehmen umzusetzen, wird in den nächsten sechs Monaten von einem zweiköpfigen Coaching-Team betreut. Die Experten bringen meist Erfahrungen aus der wirtschaftlichen oder sozialen Beratung mit. Wenige Tage später wird Gesine Volz-Schmidt von zwei McKinsey-Berater/innen besucht, die das Projekt kennenlernen wollen. Danach stellen die beiden Coachs ein Konzept vor, dass das Projekt als Social Business etablieren soll. Dabei geht es beispielsweise um die Zerlegung der Prozesse, um ausrechnen zu können, wie viel Zeit ein/e Koordinator/in von einem wellcome-Team für die Betreuung benötigt. Außerdem wird ein Reporting eingeführt, um das Feedback der Familien besser auswerten zu können. Gesine Volz-Schmidt beschreibt die Zusammenarbeit:

> „Zwischen der Wirtschaft und dem Sozialbereich lagen für mich Welten. Nun wurde aber für mich eine neue Tür aufgestoßen. Ich habe alle meine Fragen bezüglich der praktischen Umsetzung beantwortet bekommen und habe sehr schnell dazulernen können. So habe ich erst bestimmte Prozesse verstanden, um sie auf mein Konzept anzuwenden."

Im Rahmen einer Besprechung des Vertriebsmodells erklären die Berater/innen verschiedene Varianten, wie man das Projekt verbreiten und noch bekannter machen kann. Während des sechsmonatigen Coachings entsteht ein optimiertes Konzept mit verbesserten Prozessstrukturen. Mit den Änderungen geht es in die zweite Runde von Startsozial. Die 25 effizientesten Projekte werden im Rahmen einer festlichen Abschlussveranstaltung im Bundeskanzleramt in Berlin prämiert. wellcome nimmt auch hier die nächste Hürde und gehört zu den 25 besten Projekten im Wettbewerb. An sieben herausragende Projekte wird ein Preisgeld von je

5.000 € vergeben. Wellcome überzeugt auch in letzter Instanz und wird als Bundessieger prämiert.

Noch arbeitet Gesine Volz-Schmidt weiterhin als Leiterin der Bildungsstätte und bearbeitet das Projekt wellcome nebenbei. Doch durch das Preisgeld und diverse Spenden, die durch die erhöhte Bekanntheit eingenommen werden konnten, kann nun ein/e hauptamtliche/r Mitarbeiter/in eingestellt werden. Nach einer gewissen Zeit reichte auch das nicht mehr aus und Gesine Volz-Schmidt bekam in der Bildungsstätte eine Assistenz, um sich verstärkt um wellcome kümmern zu können. Doch auch das übersteigt nach kurzer Zeit die Ressourcen der Gründerin. Gesine Volz-Schmidt erinnert sich:

> „Doch als das Projekt auch bundesweit so schnell wuchs, da konnte es nicht mehr so bleiben. Ich musste mich zwischen der Bildungsstätte und wellcome entscheiden. Die Wahl fiel mir nicht leicht, doch schlussendlich fiel die Entscheidung für wellcome. Jetzt bin ich zu 100 % geschäftsführende Gesellschafterin der gemeinnützigen wellcome GmbH. Ich hätte nie gedacht, dass aus dieser Idee mal ein Unternehmen wird."

Im Frühjahr 2002 werden die ersten wellcome-Niederlassungen in Hamburg-Norderstedt und Niendorf gegründet. 2004 erfolgte die Expansion nach Hamburg und Schleswig-Holstein und 2006 kam Niedersachsen hinzu. Bundeskanzlerin Angela Merkel stellt wellcome 2007 unter ihre Schirmherrschaft. Im gleichen Jahr wird das 50. wellcome-Team in Köln gegründet. 2009 wird das 100. wellcome-Team in Stuttgart eröffnet. Im Jahr 2013 existieren über 200 wellcome-Teams in ganz Deutschland mit über 3000 Ehrenamtlichen, die in 4631 Familien aktiv sind. Das Unternehmen hat seitdem verschiedene Auszeichnungen erhalten: Die „Goldene Bild der Frau", das Bundesverdienstkreuz für Frau Volz-Schmidt, „Prix Courage" der ZDF-Sendung Mona Lisa, „Arella Award" und die „Verantwortlichen" Auszeichnung der Robert-Bosch-Stiftung. Gesine Volz-Schmidt wurde als Social Entrepreneurin von der Schwab-Foundation und Ashoka ausgezeichnet.

Social-Franchise-System Gesine Volz-Schmidt musste sich früh darüber Gedanken machen, wie man das Konzept von wellcome auf andere Organisationen übertragen kann. Denn nicht überall sehen die Strukturen so aus wie in den Bildungsstätten in Hamburg-Norderstedt und Niendorf. Während des Coachings mit den Berater/innen von McKinsey wurde auch über das Franchise-System gesprochen. Um sicherzustellen, dass die von ihr gesetzten Standards von zukünftigen wellcome-Teams eingehalten werden, erschien ihr dieses System als sinnvoll. Außerdem verbreitet sich die Idee deutlich schneller, sodass mehr Familien profitieren können.

2.5 Vertrieb von Social Businesses

Jede Organisation, die die Leistungen von wellcome anbieten möchte, muss einen Vertrag als Franchisenehmer eingehen. Der Träger muss eine soziale Organisation sein, wie beispielsweise Kinder- und Jugendhilfen, Familienbildungsstätten oder Wohlfahrtsverbände. Gesine Volz-Schmidt erklärt an einem Beispiel, warum sie nur mit etablierten Organisationen kooperiert:

> „Wir bekommen regelmäßig Anfragen von begeisterten freiberuflichen Hebammen. Mit denen kann man sicherlich gut zusammen arbeiten, aber wenn die sich entscheiden, die Freiberuflichkeit wieder aufzugeben, dann bricht für mich ein ganzes wellcome-Team weg und ich muss an diesem Standort von vorn beginnen."

Ein weiterer Vorteil besteht darin, dass die soziale Organisation schon über eine ausreichende Infrastruktur wie Büros, eine Telefonanlage oder ein IT-System verfügt. Das kann dann direkt von der wellcome-Koordinatorin benutzt werden. Im Jahr 2001 erfährt der Leiter der evangelischen Familienbildungsstätte in Lüneburg, Matthias Skorning, aus einer Diakoniezeitschrift vom Wochenbettservice in Hamburg. Er erzählt von seinem ersten Eindruck:

> „Ich fand das Programm sehr interessant und empfand es als tolle Ergänzung zu unserem weiteren Programm, da wir auch Kurse für Babys anbieten. Ich fand das Konzept richtig genial, dass die Ehrenamtlichen zeitlich befristet zu den Familien gehen und Unterstützung in der schwierigen Zeit nach der Geburt bekommen."

Allerdings findet Matthias Skorning ein System mit Honorarkräften nicht sehr nachhaltig. Bei Angestellten gibt es eine klare Hierarchie und eine Weisungsbefugnis, die bei Ehrenamtlichen nicht gegeben ist. Seine Bildungsstätte hat auch eine ehrenamtliche Mitarbeiterin, doch die muss immer neu motiviert werden, damit sie weiterhin ihre Arbeit ausführt. Matthias Skorning ist im ersten Moment skeptisch, da er mit seinen Ressourcen sparsam umgehen muss.

Daher vergehen einige Jahre bis Matthias Skorning erneut auf wellcome stößt. Das Konzept wird immer bekannter und viele Fachzeitschriften berichten über wellcome. In einer Teambesprechung in der Familienbildungsstätte wird auch über wellcome gesprochen. Dabei wird die Frage aufgeworfen, ob die Einrichtung Franchisenehmer werden muss, oder das Programm auch eigenständig angeboten werden kann. Letztlich kommt das Team zu dem Schluss, dass ihnen die Ressourcen fehlen, um das gesamte Konzept selbst professionell zu managen. Zudem hat niemand Kontakte oder Erfahrungen in der Akquise von Ehrenamtlichen. Deshalb ruft Matthias Skorning bei Gesine Volz-Schmidt an und bekundet sein Interesse, Franchisenehmer zu werden. Daraufhin stellt Gesine Volz-Schmidt wellcome bei einer Versammlung von verschiedenen sozialen Einrichtungen aus Niedersachsen vor. Alle Anwesenden sind sofort begeistert. So hat nicht nur in Lüneburg ein Team Interesse, sondern über 30 Teams in ganz Niedersachsen. Matthias Skorning berichtet dem Beirat seiner Organisation von der Idee, ein wellcome-Team in Lüneburg zu gründen. Dieser ist im ersten Moment auch skeptisch, schlägt vor, das Programm von wellcome mit einer sozialpädagogischen Maßnahme für Eltern zu kombinieren. Matthias Skorning kann sich trotzdem durchsetzen und berichtet Gesine Volz-Schmidt, dass seine Einrichtung nun Franchisenehmer werden möchte. Zwei Wochen später findet ein Gründungsgespräch statt. Hierbei werden die Grundlagen und notwendigen Rahmenbedingungen zur Einrichtung des Netzwerks für die Umsetzung des wellcome-Konzeptes erläutert. Des Weiteren wird die Zusammenarbeit mit der Landeskoordination für Niedersachsen und der Zentrale in Hamburg abgestimmt.

Die Bildungsstätte muss eine Gründungspauschale in Höhe von 750 € entrichten, wofür sie neben verschiedenen Checklisten und Praxismaterialien auch ein Starterpaket erhält. Dieses Paket enthält beispielsweise 1.500 Flyer, ein Roll-Up, Plakate, Postkarten, einen wellcome-Kurzfilm auf DVD und Visitenkarten. In den Gründungskosten sind außerdem die Fahrtkosten und die Beratungsleistungen der Landeskoordination bzw. der wellcome gGmbH enthalten. So kann die Bildungsstätte mit der Werbung starten, um erste Eltern auf das Programm aufmerksam zu machen. Neben dem Starterpaket erhält Frau Hahnemann, die in der Bildungsstätte für die Koordination mit der wellcome gGmbH zuständig ist, eine Praxismappe mit allen Dokumenten, Formularen und Leitfäden, die für ihre Tätigkeit wichtig sind. Außerdem sind dort Fallbeispiele enthalten, in denen die praktische Umsetzung skizziert wird. Frau Hahnemann nimmt in der nächsten Woche an einer Schulung in Hamburg teil. Mit fünf anderen Koordinatorinnen lernt sie dort, wie Ehrenamtliche gewonnen werden können, welche Leistungen wellcome anbietet und welche Pflichten der Franchisenehmer hat. Als Franchisenehmer muss die Bildungsstätte für die Nutzung des wellcome-Angebotes 250 € pro Jahr bezahlen. Als Gegenleistung erhält die Organisation ein praxiserprobtes Konzept und Unterstützung bei allen Aktivitäten rund um das wellcome-Programm.

Jedes neue wellcome-Team organisiert eine Eröffnungsveranstaltung, die in Zusammenarbeit mit der Zentrale koordiniert wird. Auch hierfür existiert eine Checkliste und Mindeststandards, die von der Bildungsstätte eingehalten werden müssen. Die Eröffnung für das neue wellcome-Team findet in der Johanniskirche in Lüneburg statt. Alle Beteiligten hatten mit der Vorbereitung viel Arbeit. Es herrscht große Anspannung, da niemand einschätzen kann, wie viele Menschen zur Eröffnung kommen werden. Doch schon zehn Minuten vor dem eigentlichen Start hat sich die Bildungsstätte gut gefüllt und sogar Gesine Volz-Schmidt ist

2.5 Vertrieb von Social Businesses

anwesend. Viele Hebammenhäuser, Ärzte, andere soziale Einrichtungen und auch Familien konnten begeistert werden. Nach einem Grußwort von Matthias Skorning stellt Gesine Volz-Schmidt das neue Angebot der Bildungsstätte vor. Schon am nächsten Tag stellt Frau Hahnemann Kontakt zu den ersten Familien her und vereinbart Termine, um die Familien kennenzulernen.

In diesen Gesprächen müssen von der Zentrale vorgeschriebene Fragen beantwortet werden (siehe Abschn. 6.6). Dort wird über Gründe gesprochen, warum die Familie wellcome in Anspruch nehmen möchte und wie sie auf das Angebot aufmerksam geworden ist. Zudem soll vermittelt werden, welche Werte wellcome eigentlich verfolgt. Nicht selten kommt es auch zu Verständnisproblemen:

> „Wenn sich in einem Gespräch herausstellt, dass die Familie einmal in der Woche jemanden benötigt, weil die Mutter zur Rückbildungsgymnastik gehen will, dann muss ich immer sagen, das kann wellcome nicht leisten. Dafür wäre ein Babysitter besser geeignet. Oder es wird sichtbar, dass das Kind noch gar nicht geboren ist und die Mutter mit der Schwangerschaft ganz viele Probleme hat. Auch das kann wellcome nicht leisten. Hier vermittle ich dann immer andere Ansprechpartner."

Oft gibt es auch Anfragen von Familien für zusätzliche Unterstützung, die auch einen Hilfebedarf haben. Da muss die Bildungsstätte aufpassen, dass sie nicht in die sozialpädagogische Hilfe abdriftet. Es muss klar gesagt werden, wie das Angebot von wellcome aussieht, um nicht mit anderen sozialen Anbietern in Konflikte zu geraten. Alle Angaben müssen digital aufgenommen und an die Zentrale von wellcome vermittelt werden. Auch über die Gebühren werden die Familien informiert. Jede Stunde, die ein Ehrenamtlicher der Familie hilft, kostet 5 €. Für viele Familien ist das kein Problem, da sie sich sehr über dieses Angebot freuen und sogar bereit wären noch mehr zu zahlen.

> „Es gibt natürlich auch immer Familien, die in einer besonderen Situation sind und beispielsweise hohe Grundkosten haben, aufgrund der Familiengröße oder eines Kredits. Die versuchen natürlich immer, die Kosten für die Hilfe zu senken."

Auch mit den Ehrenamtlichen führt Frau Hahnemann ein Erstgespräch:

> „Ich habe eine vorbereitete Mappe, die dann nach dem Erstgespräch alle Ehrenamtlichen bekommen, wo generelle Informationen enthalten sind. Wir reden viel über die Motivation, die Zeiteinteilung, Erstattung von Fahrtkosten, oder die Schweigepflicht. Natürlich sind nicht alle dazu geeignet, sodass ich dann manchmal sage, dass vielleicht eine andere Aufgabe besser wäre."

Anfangs gibt es einige Probleme, da es zu wenig Ehrenamtliche gibt, die eine Betreuung übernehmen könnten. Das liegt teils daran, dass es in der Stadt eine große Anzahl weiterer sozialer Projekte gibt. Doch nach und nach vergrößert sich die Anzahl der Ehrenamtlichen, da die Familien-Bildungsstätte viel Werbung macht. An öffentlichen Plätzen werden Flyer verteilt, um das Konzept bekannter zu machen. Nach einer gewissen Zeit hat das Team genug Ehrenamtliche gewonnen, sodass die Betreuung richtig starten kann. Ein durchschnittliches wellcome-Team hat etwa 15 Ehrenamtliche.

Nach dem Erstgespräch mit der Familie entscheidet die Koordinatorin, welche Ehrenamtlichen passen könnten. Das hängt auf der einen Seite von Kriterien wie der Entfernung und zeitlichen Flexibilität ab. Auf der anderen Seite müssen die Familie und Ehrenamtliche auch menschlich zueinander passen. Nachdem Frau Hahnemann den Kontakt der Familie an die Ehrenamtliche vermittelt hat, wird ein erstes Gespräch geführt, um sich kennenzulernen. Wenn sich beide Parteien eine Zusammenarbeit vorstellen können, werden weitere Details, wie Häufigkeit und Regelmäßigkeit der Besuche, geklärt. Das Maximum wird hier von der wellcome-Zentrale auf zweimal in der Woche mit jeweils drei Stunden festgelegt. Die Dauer der Betreuung ist angelegt für ca. zwei bis drei Monate. Ausnahmen bilden beispielsweise Familie mit Zwillingen, bei denen die Betreuung bis zu ein Jahr gehen kann.

Um die Betreuung der Familien bestmöglich verfolgen und managen zu können, fordert wellcome von seinen Franchisenehmern einige Informationen an, beispielsweise die Anzahl der Familien, die Dauer der Einsätze, die Anzahl der Ehrenamtlichen oder die Anzahl der telefonischen Anfragen. Außerdem muss jedes Team einen jährlichen Abschlussbericht verfassen, der mit der Landeskoordination von wellcome diskutiert wird. wellcome benötigt die Zahlen, um das Profil und die Sparte, in der das Unternehmen tätig ist, besser beschreiben und differenzieren zu können. Zweimal im Jahr findet ein Treffen mit allen Landeskoordinatoren statt.

Im Jahr 2012 bekommt Matthias Skorning einen Brief von der wellcome-Zentrale. Das Unternehmen könne sich mit den bisherigen Gebühren von 250 € nicht langfristig tragen, sodass die Gebühr auf 500 € erhöht werden müsse. Da ist Herr Skorning erst einmal überrascht:

„Da war ich ganz schön baff, als ich diesen Brief gelesen habe. Das ist eine 100-prozentige Erhöhung der Gebühr. Ich fragte mich, ob die Marke wellcome so viel Wert für uns hat, dass wir bereit sind, 500 € pro Jahr zu zahlen. Wir haben ja schon allein durch die zusätzlichen Stunden von Frau Hahnemann ca. 3000 € zusätzlich an Personalkosten. Da mussten wir ernsthaft überlegen, ob wir die Kooperation weiterhin aufrechterhalten können."

2.5 Vertrieb von Social Businesses

Allerdings bekommt die Bildungsstätte über das Landesprojekt „Familie mit Zukunft" die Hälfte der Kosten erstattet. Viele Dinge sprechen für eine weitere Zukunft mit wellcome. Die Marke wellcome ist mittlerweile durch die vielen Preise und Auszeichnungen so bekannt geworden, dass es für die Bildungsstätte selbst ein Imagegewinn bedeutet, wellcome in ihrem Portfolio anzubieten:

> „Dieser Imagegewinn ist natürlich unbezahlbar für uns. Wellcome hat es geschafft, über Zeitungsartikel, Fachzeitschriften oder Vorträge auf großen Veranstaltungen so bekannt zu werden, wie wir es nie leisten könnten. Wir haben durch dieses Programm auch schon Unterstützungsgelder bekommen, die wir sonst nie erhalten hätten."

So sammelt beispielsweise die evangelische Kirche in Norddeutschland einen Sonntag im Jahr die Kollekte nur für wellcome. Dieses Geld wird dann auf die verschiedenen Teams aufgeteilt. Die Zentrale von wellcome schaltet auch regelmäßig Plakatwerbung, wodurch viele neue Familien oder potenzielle Unterstützer auf das Programm aufmerksam werden. Durch die zusätzlichen Einnahmen und den Imagegewinn profitiert die gesamte evangelische Familienbildungsstätte:

> „Wenn wir jetzt aussteigen würden, dann stünden die Leute schon Schlange, um das wellcome-Team für Lüneburg zu übernehmen. Für uns rechnet es sich trotz der gestiegen Gebühr."

Fallzusammenfassung für Dozierende 3

Zwei Unternehmen stehen im Fokus der Betrachtung. Die AfB gGmbH organisiert die Verwertung von IT-Hardware für kleine und große Unternehmen in Deutschland, Österreich, Frankreich und der Schweiz. Das Besondere dabei ist, dass das Unternehmen eine feste Anzahl von Mitarbeiterinnen und Mitarbeitern mit Behinderung beschäftigt. Alle Arbeitsschritte werden barrierefrei und gemeinsam von Mitarbeiterinnen und Mitarbeiter mit und ohne Behinderung ausgeführt. Der Gedanke der Inklusion steht dabei im Vordergrund. Anhand dieses Unternehmens werden die Besonderheiten von Social Businesses von der Unternehmensgründung, über die Geschäftsabläufe bis zum Personalmanagement verdeutlicht. Das zweite Unternehmen ist die wellcome gGmbH. Als Franchisegeber bietet das Unternehmen ein Konzept zur Vermittlung ehrenamtlicher Helferinnen und Helfer an junge Familien zur Betreuung ihrer Neugeborenen und Unterstützung der Eltern an. Inzwischen gibt es über 200 Franchisenehmer in Deutschland, die in verschiedenen Teams viele junge Familien unterstützen.

Zunächst sollen die besonderen Herausforderungen eines Social Business in einem Unternehmen gezeigt werden, dass um die Inklusion von Menschen mit Behinderung bemüht ist. Dazu wird zunächst die Gründungsgeschichte gezeigt, um die besondere Motivation des Gründers Paul Cvilak hervorzuheben. Entscheidend sind ferner das einzigartige Geschäftsmodell, die Geschäftsabläufe, die Unternehmenskultur und das Personalmanagement.

Paul Cvilak leitet bereits ein erfolgreiches IT-Unternehmen. Doch trotz seines Erfolges und materiellen Wohlstandes ist er mit seiner beruflichen Entwicklung nicht zufrieden. Eines Tages trifft er den Leiter einer Behindertenwerkstatt. Im Laufe des Gespräches kommt Paul Cvilak auf die Idee, die Arbeiterinnen und Arbeiter der Behindertenwerkstatt in die Arbeitsprozesse seines Unternehmens einzubinden. Dabei gibt es drei grundsätzliche Arbeiten: das Testen der Computer, die korrekte Datenlöschung und ggf. die Zerlegung der Hardware zur weiteren

Verwertung. Zunächst wird in einer Testphase erprobt, ob die Arbeiten auch von Menschen mit Behinderung erledigt werden können. Durch eine Zerlegung der Arbeitsschritte in möglichst simple und kurze Einheiten, stellt sich schnell heraus, dass eine Arbeitsteilung zwischen Menschen mit und ohne Behinderung ohne Weiteres möglich ist.

Die Monotonie macht den Arbeiterinnen und Arbeitern in der Werkstatt wenig aus, da sie sehr begeisterungsfähig sind und eine hohe Affinität zum Bereich IT aufweisen. Der Erfolg der Testphase motiviert Paul Cvilak schließlich zur Gründung des Unternehmens AfB im Jahr 2004, um das Konzept auf seine gesamte Branche auszudehnen. Da Paul Cvilak auf seinen alten Kundenstamm zurückgreifen kann, hat das Unternehmen anfänglich keine Schwierigkeiten, Aufträge zu bekommen. Auch eine nachfolgende Phase der Stagnation dauert nicht lange an, da ein großer Energieversorger auf AfB zukommt, um einen langfristigen Deal für die Entsorgung, Erneuerung, Verwertung und Betreuung seiner IT-Hardware abzuschließen. Die Bekanntheit des Unternehmens steigt nicht zuletzt dadurch, dass es einige Preise und insbesondere den Deutschen Nachhaltigkeitspreis gewinnen konnte.

Da das Social Business für Paul Cvilak noch Neuland ist, stößt er auf viele neue Herausforderungen. Die Sicherheitsbestimmungen bei der Datenlöschung bedürfen stärkerer Kontrollen und die Auflagen des Integrationsamtes müssen erfüllt werden. So benötigen einige Mitarbeiter/innen eine Betreuung am Arbeitsplatz. Zur Unterstützung der Mitarbeiter/innen mit Behinderung stellt Paul Cvilak schließlich einen Betriebssozialarbeiter ein. Das Unternehmen wird schließlich als Integrationsunternehmen und gemeinnützige GmbH anerkannt. Damit muss die Quote für Menschen mit Behinderung genau zwischen 40 und 50 % liegen, da sonst keine Integration mehr vorliegen kann. Gerade für das Personalmanagement entstehen damit besondere Herausforderungen. Es muss sichergestellt werden, dass an jedem Arbeitsplatz Mitarbeiter/innen nach ihren spezifischen Fähigkeiten eingesetzt und nicht überfordert werden.

Herauszufinden, welcher Arbeitsplatz für welche Person geeignet ist, bedeutet sehr viel Arbeit. Bevor ein Mitarbeiter oder eine Mitarbeiterin neu eingestellt wird, ist ein Praktikum von mindestens acht Wochen zu absolvieren. Viele Praktikantinnen und Praktikanten werden vom Integrations- oder Arbeitsamt vermittelt. Am Vorstellungsgespräch nimmt auch die zuständige Person des Integrationsamtes teil. Wenn die Bewerberin bzw. der Bewerber von einer Behindertenwerkstatt vermittelt wird, ist zusätzlich die betreuende Person dieser Einrichtung anwesend. Während des Praktikums wird geprüft, ob die Person handwerkliches Geschick oder andere Fertigkeiten besitzt. Allerdings reicht die Zeit des Praktikums meistens nicht aus, um das Teamverhalten zu ermitteln. Die anfängliche Motivation kann im Laufe der Zeit abfallen. Der soziale Umgang unter den Beschäftigten ist teilweise wichtiger als die individuellen Fähigkeiten. Passt jemand nicht in das Team, hat das deutlich stärkere Auswirkungen als in konventionellen Unternehmen. Bei AfB kann eine schlechte Stimmung die ganze Abteilung durcheinanderbringen.

Die Mitarbeiterinnen und Mitarbeiter bei AfB haben verschiedene Behinderungen bzw. Erkrankungen. Beispielsweise arbeiten psychisch kranke Menschen mit Zwängen oder Depressionen eine gewisse Zeit sehr effizient. Sie haben aber regelmäßige Tiefphasen, wodurch es zu langen Ausfallzeiten kommt. Dann kann es ein halbes oder ein ganzes Jahr dauern, bis sie an ihren Arbeitsplatz zurückkehren können. Dies macht die Planung sehr schwierig. Anders sieht es mit Mitarbeiterinnen und Mitarbeitern mit geistigen oder körperlichen Behinderungen aus, da diese sehr konstant arbeiten und oftmals hochmotiviert sind. Aufgrund der gesetzlichen Verschwiegenheit sind den Vorgesetzten die meisten Krankheiten der Mitarbeiterinnen und Mitarbeiter nicht bekannt. Dies macht es umso schwieriger, einen geeigneten Führungsstil zu finden. Um diese Probleme zu lösen, werden regelmäßig Schulungen angeboten, in denen Führungskräfte mögliche Krankheiten kennenlernen und Reaktionen trainieren können.

Aufgrund körperlicher Behinderungen benötigt das Unternehmen eine spezielle Software, da einige Mitarbeiterinnen und Mitarbeiter Probleme mit der Bedienung einer Maus haben. Bei Einführung der Software wird darauf geachtet, dass alle Arbeitsschritte auch mit der Tastatur erledigt werden können und das Programm eine einfache Struktur hat, damit niemand überfordert ist. Auf jedem Formular gibt es nur wenige Felder auszufüllen, die zudem besonders groß abgebildet sind, damit auch Menschen mit Sehschwierigkeiten oder Aufmerksamkeitsdefiziten das Programm ohne Probleme bedienen können. Außerdem werden Schulungen für die betroffenen Mitarbeiterinnen und Mitarbeiter angeboten, damit sie die Software schneller erlernen können. Für die Schulungen und Programmieraufgaben beschäftigt AfB drei Programmierer/innen sowie eine technische Redakteurin, die die Bedienungsanleitungen und Grafiken für die Eingabemasken erstellen.

Um einen möglichen Vertriebsweg für Konzepte im Social-Business-Bereich zu verdeutlichen, wird nun das Social-Franchise-System am Beispiel der wellcome gGmbH dargestellt. Das Unternehmen wird im Jahr 2001 von Gesine Volz-Schmidt aufgrund ihrer Erfahrungen in der Zeit nach der Schwangerschaft gegründet. Nach der Geburt ihres Kindes hatte sie wenig Unterstützung, da der Vater aus beruflichen Gründen häufig unterwegs war. Kurz vor der Geburt ist die Familie in eine neue Wohnung gezogen, sodass das nachbarschaftliche Umfeld neu und unbekannt war. Viele Freunde und Bekannte der Familie leben in Süddeutschland und konnten die junge Familie daher nicht unterstützen. Dies hat ihre Sichtweise auf andere Mütter in ähnlichen Situationen nachhaltig geprägt. Sie hat mit vielen Frauen gesprochen und erfahren, dass die hohe Belastung junge Familien häufig überfordert. Sie kam zu dem Schluss, dass Familien eine ganz andere Betreuung brauchen, als bisher vom Staat angeboten wird.

Gesine Volz-Schmidt arbeitet als Leiterin einer Familienbildungsstäte. So kam sie auf die Idee, ein Konzept zur Unterstützung und Kindesbetreuung für junge Familien in ihrer Familienbildungsstätte zu etablieren. Das neue Programm soll *Wochenbettservice* heißen und kann als moderne Nachbarschaftshilfe angesehen werden. Nach der Geburt leisten Ehrenamtliche praktische Hilfe zur Unterstützung der Eltern. Die Mitarbeiterinnen und Mitarbeiter kommen an zwei Tagen in der Woche für ein paar Stunden zu den Familien nach Hause. Die Hilfe besteht beispielsweise in der Betreuung des Säuglings, einer Begleitung zum Arzt oder der Betreuung der Geschwisterkinder. So haben die Mütter in diesen Momenten Zeit für Dinge, für die sie sonst keine Zeit hätten. Auch persönliche Gespräche mit den Ehrenamtlichen können den Eltern helfen, ihre Situation zu meistern. Die Ehrenamtlichen werden von einer professionellen Fachkraft ausgewählt, die mit allen Familien Gespräche führt, um die dortige Situation zu verstehen und die Ehrenamtlichen bestmöglich zuzuordnen. Die Familien zahlen 5 € Entschädigung für eine Stunde Arbeit.

Einige Monate nach Auftakt des Programms erfährt Gesine Volz-Schmidt von dem Wettbewerb *Startsozial*, der von der rot-grünen Regierung im Jahr 2000 ins Leben gerufen wurde, um neue Impulse für soziales Engagement zu setzten. Für die Bewerbung reicht Gesine Volz-Schmidt im Juli 2001 ihren Businessplan ein. Und tatsächlich entscheidet sich die Jury, ihr Programm auszuzeichnen. Neben einem Preisgeld erhält Sie in den folgenden Wochen auf Kosten der Bundesregierung die Unterstützung einiger Unternehmensberaterinnen und Unternehmensberater. Im Frühjahr 2002 werden die ersten wellcome-Niederlassungen in Hamburg-Norderstedt und Niendorf gegründet. 2004 erfolgt die Expansion nach Hamburg und Schleswig-Holstein. 2006 kommt Niedersachsen hinzu. Bundeskanzlerin Angela Merkel stellt wellcome 2007 unter ihre Schirmherrschaft. Im gleichen Jahr wird das 50. wellcome-Team in Köln gegründet. 2009 wird das 100. wellcome-Team in Stuttgart eröffnet. Im Jahr 2013 existieren über 200 wellcome-Teams in ganz Deutschland mit über 3000 Ehrenamtlichen, die in 4631 Familien aktiv sind. Das Unternehmen hat seitdem verschiedene Auszeichnungen erhalten.

Während des Coachings mit den Beraterinnen und Beratern wurde auch über das Franchise-System gesprochen. Um sicherzustellen, dass die von ihr gesetzten Standards von zukünftigen wellcome-Teams eingehalten werden, erschien Gesine Volz-Schmidt dieses System als sinnvoll. Außerdem verbreitet sich die Idee so deutlich schneller, sodass noch mehr Familien profitieren können. Jede Organisation, die die Leistungen von wellcome anbieten möchte, muss einen Vertrag als Franchisenehmer eingehen. Der Träger muss eine soziale Organisation sein, wie beispielsweise eine Kinder- und Jugendhilfe, Familienbildungsstätte oder Wohlfahrtsverband. Soziale Organisation verfügen bereits über eine ausreichende

Infrastruktur wie Büros, eine Telefonanlage oder ein IT-System. In jeder Organisation wird ein/e wellcome-Koordinator/in benannt. Die Einrichtung muss eine Gründungspauschale in Höhe von 750 € entrichten, wofür sie neben verschiedenen Checklisten und Praxismaterialien auch ein Starterpaket erhält.

Das Paket enthält u. a. 1.500 Flyer, ein Roll-Up, Plakate, Postkarten, einen wellcome-Kurzfilm auf DVD und Visitenkarten. In den Gründungskosten sind außerdem die Fahrtkosten und die Beratungsleistungen der Landeskoordination der wellcome gGmbH enthalten. Fallbeispiele erläutern die praktische Umsetzung des wellcome-Konzeptes. Für die wellcome-Koordinatoren der Einrichtungen werden Schulungen angeboten, in denen vermittelt wird, wie Ehrenamtliche gewonnen werden können, welche Leistungen wellcome anbietet und welche Pflichten der Franchisenehmer hat. Der Franchisenehmer muss für die Nutzung des wellcome-Angebotes 250 € pro Jahr zahlen. Als Gegenleistung erhält die Organisation ein praxiserprobtes Konzept und Unterstützung bei allen Aktivitäten rund um das wellcome-Programm. Jedes neue wellcome-Team organisiert eine Eröffnungsveranstaltung, die in Zusammenarbeit mit der Zentrale koordiniert wird.

Um die Betreuung der Familien bestmöglich verfolgen und managen zu können, fordert wellcome von seinen Franchisenehmern einige Informationen an, beispielsweise die Anzahl der Familien, die Dauer der Einsätze, die Anzahl der Ehrenamtlichen oder die Anzahl der telefonischen Anfragen. Jedes Team erstellt einen jährlichen Abschlussbericht, der mit der Landeskoordination von wellcome besprochen wird. Mit diesen Informationen kann wellcome das Profil und die Sparte, in der das Unternehmen tätig ist, besser einschätzen und differenzieren.

Nachdem mit diesen beiden Unternehmen zwei völlig verschiedene Bereiche, in denen ein Social Business funktionieren kann, gezeigt wurden, geht es nun um die Einschätzung der Unternehmen und ihrer Herausforderungen von den Bearbeiterinnen und Bearbeitern der Fallstudie. In den folgenden Kapiteln werden dazu der Lehrplan und die Lehrstrategie vorgestellt sowie einige Analysewerkzeuge für die Bearbeiterinnen und Bearbeiter vorgeschlagen.

Lehrplan und Lehrstrategie 4

Ziel dieses Kurses ist es, den Teilnehmenden einen umfassenden Einblick in die Themenfelder Social Business und Social Entrepreneurship zu geben. Hierbei werden der aktuelle Stand der Forschung sowie die zentralen Inhalte zu den Themen Entrepreneurship, strategische Positionierung, Unternehmensführung, -kultur und -wachstum vermittelt. Am Ende des Kurses sollen die Studierenden einerseits in der Lage sein, einen Überblick über das Forschungsfeld zu geben, und andererseits die Komplexität und Vielseitigkeit auf die Praxis zu übertragen. Dabei sollen ihre Fähigkeiten zur Präsentation wissenschaftlicher Arbeiten ausgebaut werden

4.1 Allgemeine Lernziele

Der Kurs soll den Teilnehmenden die Möglichkeit geben, selbst Schwerpunkte zu setzen, indem sie sich einzelne Themen aus dem Management von Social Business herausgreifen und selbständig vertiefen können. Das Erlernte aus den einzelnen Schwerpunkten wird dann von den Teilnehmenden im Rahmen von Präsentationen im Plenum vorgestellt und diskutiert. Dies soll den Studierenden die Möglichkeit geben, zum einen selbständig ein Thema zu strukturieren, wissenschaftlich aufzuarbeiten und zu präsentieren. Zum anderen steht im Vordergrund, dass die Teilnehmenden lernen, sich kritisch mit der Materie auseinanderzusetzen und diese auf andere Sachverhalte übertragen. Das Seminar findet als Blockveranstaltung statt. Während der Kick-off-Veranstaltung erfolgt eine Einführung in das Thema. Zu diesem Termin werden die Themen der Seminararbeiten vergeben. Während der

Bearbeitungszeit des Themas bis zum Vortragstermin sollte der Dozent oder die Dozentin in einer Sprechstunde und per E-Mail unterstützend zur Verfügung stehen. Mit dem Bearbeiten der Fallstudie sollen folgende Kompetenzen erworben werden:

- ein Grundverständnis für das Management von Social Businesses,
- Vertiefung vorhandener Kenntnisse,
- neuere Entwicklungen in Forschung und Praxis von Social Businesses kennenlernen und vertiefen,
- Konzepte des Managements zu Leadership, Businessmodell, Unternehmenskultur und Personalmanagement.

4.2 Inhalte des Kurses

Zur Vermittlung des Verständnisses von Social Business und Social Entrepreneurship werden den Teilnehmenden zunächst die wirtschaftliche Bedeutung von Entrepreneurships und die Ursprünge des sozialen Unternehmertums vermittelt. Sodann sollen die grundlegenden Begriffe und Konzepte, die sich hinter Social Business und Social Entrepreneurship verstecken, erläutert und erarbeitet werden. Danach erfolgt der Arbeitsauftrag für die Teilnehmenden, der mit der Erstellung eines Businessplans für ein Social Business unter Berücksichtigung der Analysewerkzeuge aus Kap. 5 abschließt.

4.2.1 Gründung und Entrepreneurship

Im ersten Teil der Case Study sollen sich die Bearbeiterinnen und Bearbeiter mit der Thematik des Gründungsmanagements und des Entrepreneurships beschäftigen. Am Anfang steht die Frage im Vordergrund, warum gerade die Gründung von sozialen Unternehmen für unsere Gesellschaft wichtig ist.

Für eine Gesellschaft sind Entrepreneure von hoher Bedeutung. Sie tragen einen großen Anteil daran, dass für Fortschritt und Wachstum entscheidende Innovationen entwickelt werden. Joseph A. Schumpeter sprach von einem Prozess der „kreativen Zerstörung", der durch Entrepreneure ausgelöst wird (Schumpeter 1942 [2005]). So können unternehmerische Aktivitäten nicht nur einen Beitrag zur Verbesserung der internationalen Wettbewerbsfähigkeit von Volkswirtschaften leisten, sondern auch in hohem Maße nachhaltige Arbeitsplätze schaffen. Wirtschaftlicher Erfolg ist also ein Resultat vieler verschiedener Faktoren, die auf Märkte und Unternehmen einwirken; vor allem aber sind es die Unternehmer/innen, die für ökonomischen Erfolg und Fortschritt sorgen.

4.2 Inhalte des Kurses

Gründe für einen erfolgreichen Markteintritt können effizientere Organisationsstrukturen, geringere Fertigungskosten gegenüber etablierten Unternehmen oder ein völlig neues Produkt sein (Hungenberg 2006). Der Global Entrepreneurship Monitor hat sich zum Ziel gesetzt, die Zusammenhänge zwischen Entrepreneurship und Wachstum zu analysieren (Dowling 2003). Er vergleicht anhand von Kennzahlen, wie sich die Gründungsaktivitäten in den verschiedenen Ländern entwickelt haben. Im Gegensatz zu anderen europäischen Ländern sinkt die Gründungsrate in Deutschland. Daher sollte das Unternehmertum intensiver gefördert werden, um die Innovationen zu stärken und weiterhin international wettbewerbsfähig zu bleiben. Doch eine Unternehmensgründung birgt hohe Risiken und die Führung und Koordination eines Unternehmens erfordert viel Erfahrung und Wissen auf Seiten des Gründers. Neben klassischen ökonomischen Aspekten gibt es für einen Unternehmensgründer noch andere Motive. So können das Streben nach Unabhängigkeit, persönlicher Leistung, aber auch Prestige gleichermaßen in den Fokus gelangen wie der monetäre Gewinn. Gerade die Gründung von sozialen Unternehmen bietet für unsere Gesellschaft die Möglichkeit, dass staatliche Defizite in der sozialen Versorgung aufgefangen oder sogar besser organisiert werden können.

In einem zweiten Schritt sollen die Studierenden anhand des Beispiels der AfB gGmbH erarbeiten, welche Motivation und Charaktereigenschaften für die Gründung eines Unternehmens entscheidend sind.

Die Unternehmerpersönlichkeit nimmt bei der Gründung von Unternehmen eine besondere Stellung ein. „It is often said that a person cannot win a game that they do not play" (Shane, Locke und Collins 2003: 257). Der Erfolg eines Unternehmens hängt somit von der Bereitschaft einer Person ab, Unternehmer/in werden zu wollen. An dieser Stelle stellt sich die Frage, durch welche persönlichen Eigenschaften sich ein/e erfolgreiche/r Unternehmensgründer/in auszeichnet. Dazu müssen die Bearbeiterinnen und Bearbeiter zunächst den Begriff der Persönlichkeitseigenschaften definieren. Persönlichkeitseigenschaften bzw. -merkmale werden auch als *Traits* bezeichnet. „Traits sind überdauernde Merkmale und Eigenschaften, die eine Person dazu prädisponieren, sich über verschiedene Situationen hinweg konsistent zu verhalten" (Gerrig und Zimbardo 2008, S. 507). Anschließend können hierbei verschiedene Unternehmerbilder u. a. von Say und Schumpeter erarbeitet und vorgestellt werden.

Ein weiterer Faktor für den Erfolg einer Unternehmensgründung ist der Einfluss des familiären Umfeldes. Nicht nur in Familienunternehmen, sondern auch in der Unternehmensgründung des Partners oder der Partnerin, hat die Familie eine große Bedeutung. Die Familien von Unternehmer/innen werden zwangsläufig stärker mit der beruflichen Entwicklung konfrontiert als Familien, welche im Angestelltenverhältnis stehen. Zwei wichtige Grundwerte der Gesellschaftsordnung, das Privateigentum und die Familie, werden miteinander verbunden. Die finanzielle Belastung bei Beginn einer Selbstständigkeit ist oftmals enorm, da nicht von Beginn an große Gewinne zurückfließen. Es kann sein, dass sich die Frau, der Mann und auch die Kinder vernachlässigt fühlen und der Meinung sind, dass finanzielle Aspekte zu sehr im Vordergrund stehen. Zeit für gemeinsame Unternehmungen ist für die Familie in dieser Zeit sehr begrenzt. Die Bearbeiterinnen und Bearbeiter sollen hier die verschiedenen Aspekte des familiären Einflusses erarbeiten. Einerseits gibt es einen Einfluss seitens des Partners und andererseits haben Kinder von Unternehmer/innen eine höhere Gründungsneigung.

4.2.2 Ursprünge sozialer Unternehmen

Um ein Social Business besser verstehen zu können, ist das nächste Ziel der Fallstudie, den Teilnehmenden die Motivationen zur Gründung sozialer Unternehmen näher zu bringen. Sie sollen im Plenum diskutieren, welche bekannten Unternehmen in diese Kategorie fallen. Beispiele sind etwa *Dialog im Dunkeln*, die *Grameen Bank* oder *Aravind*. Durch den Friedensnobelpreis für Muhammad Yunus im Jahr 2006 stieg die Aufmerksamkeit für den Bereich Social Business und Social Entrepreneurship erneut an. Mittlerweile sind Social Businesses und andere soziale Unternehmen ein wichtiger Bestandteil unserer Gesellschaft. Doch soziale Unternehmen und Organisationen existieren nicht erst seit der Zeit nach der Jahrtausendwende. Die Gründung der Kirche kann als Ausgangspunkt der sozialen Entwicklung und als Vorreiter einer sozialen Organisation angesehen werden (Volkmann, Tokarski und Ernst 2012). Sie versuchte, mit ihren Werten und dem Glauben Bedürftigen zu helfen und Menschen Hoffnung zu vermitteln. So gründete die christliche Kirche erste Krankenhäuser und half Bedürftigen durch verschiedene Institutionen wie dem Johanniter- und Malteserorden oder dem Deutschen Orden. Obgleich die Kirche für viele Taten aus ihrer Vergangenheit kritisiert werden muss, finden sich bei ihr viele erste Ansätze für die Entwicklung eines sozialen Unternehmertums in Europa (Volkmann et al. 2012).

Weitere Ursprünge von Social Businesses finden sich in der Zeit der Europäischen Aufklärung (Volkmann et al. 2012), da hier der private Sektor gestärkt wurde und so die ersten Unternehmen entstehen konnten (Bornstein und Davis 2010).

Eines der ersten sozialen Unternehmen, das als solches registriert wurde, waren die Cooperative Villages, die 1799 von Robert Owen in England gegründet wurden. Auch in anderen Ländern gab es zu dieser Zeit erste soziale Unternehmen (Romero-González et al. 2010). Positiven Einfluss auf die Entwicklung neuer Sozialunternehmen hatte beispielsweise Wilhelm von Humboldt. Er gründete 1809

4.2 Inhalte des Kurses

eine bedeutende Universität in Berlin und gilt als einer der wichtigsten Social Entrepreneurs seiner Zeit (Gergs 2011). Er konzipierte ein dreistufiges Bildungsmodell, das deutlich effizienter funktionierte als in anderen Ländern der damaligen Zeit. Es konzentriert sich auf die Bildung des Menschen unabhängig vom bürgerlichen Stand. Noch heute beeinflusst die Arbeit von Humboldt das Wirken an vielen Universitäten weltweit (Benner 2003).

Auch Florence Nightingale war eine der wichtigsten Social Entrepreneure (Bornstein 2007). Durch ihre Innovationen wurden die hygienische Bedingungen, u. a. die Krankennahrung oder das regelmäßige Wechseln der Verbände, stark verbessert und die Sterberate in den Lazaretten des Krimkrieges (1854) konnte deutlich reduziert werden (Gergs 2011). Mittels der gestiegenen Popularität konnte sie 1860 die erste Krankenschwesterschule eröffnen und so die Ausbildung von medizinischen Hilfskräften professionalisieren. Sie revolutionierte damit das Gesundheitswesen, da nicht mehr nur Ärzte eine Ausbildung bekamen sondern auch das medizinische Hilfspersonal (Beckmann 2011). In den folgenden Jahren wurde der Nährboden für ein rasches Wachstum dieses Gebietes gelegt (Volkmann et al. 2012). Auch in anderen Bereichen der Gesellschaft entstand soziales Engagement: die Suffragetten-Bewegung, die für das Frauenwahlrecht kämpfte, die Abschaffung der Sklaverei durch Abraham Lincoln oder die grundlegenden Gefängnisreformen (Beckmann 2011).

Die bisher angeführten Beispiele sozialen Engagements waren nicht darauf ausgerichtet, Unternehmen zu gründen. Vielmehr waren es innovative Ideen, die entweder vom Staat oder staatsnahen Organisationen umgesetzt wurden. Doch auch private Sozialunternehmen entstanden, die eine besondere Form der Wirtschaftsorganisation bildeten. Eines der ersten Sozialunternehmen gründeten Friedrich Wilhelm Raiffeisen und Franz-Hermann Schulze-Delitzsch im Jahr 1849. Es war die erste landwirtschaftliche Genossenschaft (von Müller 2010). Sie vergab hauptsächlich Mikrokredite an notleidende Menschen, um sie aus der Armut herauszuführen (Guinnane 1997). Sozialreformer wie Wilhelm von Humboldt, Friedrich Wilhelm Raiffeisen oder Florence Nightingale wirkten im 19. Jahrhundert als „soziale Innovatoren" (Hackenberg und Empter 2011).

Anfang des 20. Jahrhunderts veränderte sich das Unternehmertum. Durch die Industrialisierung entwickelten sich kleine Werkstätten zu großen globalen Konzernen. Unternehmer wie Robert Bosch erlangten durch das Automobil einen großen wirtschaftlichen Erfolg. Robert Bosch nahm dies zum Anlass zu soziales Engagement. Er engagierte sich beispielsweise im Ersten Weltkrieg für die Verwundeten, indem er Fabriken zu Lazaretten umbauen ließ. Außerdem gründete er eine eigene Stiftung, die sich technischen und bildungspolitischen Problemen widmet und bis heute Verwalterin des Unternehmens ist (Scholtyseck 1999). Zu dieser Zeit war der Sozialstaat noch nicht entwickelt und es bestand kaum öffentlicher Druck zu sozialem Handeln, sodass die Maßnahmen von Robert Bosch aus heutiger Sicht eine Besonderheit darstellen.

Unternehmerisches Handeln für die Gesellschaft hat in Deutschland eine lange Tradition. Nach dem Ersten Weltkrieg und noch stärker nach dem Zweiten Weltkrieg erhöhten die Staaten in Europa ihr soziales Engagement. Es wurden immer mehr Sozialleistungen, wie die Arbeitslosen- oder Rentenversicherung, geschaffen (Chevalier 2004). In Deutschland wurde die freie Wohlfahrtpflege gegründet, zu der kirchliche, humanitäre und politische Organisationen gehören, wie die Arbeiterwohlfahrt, der Caritasverband oder das Rote Kreuz. Dieses soziale Engagement wird zu 90 % aus staatlichen Mitteln über die Sozialversicherungen finanziert. Beckmann (2011, S. 70) charakterisiert diese Verbände als „Non-loss"- und „Nondividend"-Unternehmen. Über 1,5 Millionen Menschen arbeiten inzwischen bei den Verbänden, was ihren Stellenwert für die Gesellschaft verdeutlicht (Scholtyseck 1999). In den letzten 50 Jahren wuchs der soziale Sektor stark an. Er gehört in Deutschland seit 1960 zu den größten Wachstumsbranchen (Puch 2001). So erhöhte sich die Anzahl der Beschäftigten in der Kirche von 317.988 auf 1,19 Mio. innerhalb von 44 Jahren (Lührs 2006).

4.2.3 Definition und Konzepte

Der erste Begriff, der hier erläutert werden soll, ist Social Business. Das Grundkonzept existiert schon seit vielen Jahren, allerdings taucht es unter verschiedenen Namen wie Social Venture (Hockerts 2006) oder Social Enterprise (Defourny und Nyssens 2010) auf. Diese Organisationen variieren zwar in ihrer Struktur, haben aber die Kernelemente der sozialen Innovation und Marktorientierung gemeinsam (Wilson und Post 2013). Deshalb werden sie oft auch als hybride Organisationen bezeichnet (Billis 2010; Brandsen, Dekker und Evers 2010), die zwischen kommerziellen Unternehmen und Non-Profit-Organisationen stehen (Wilson und Post 2013). Social Businesses sind also Unternehmen, die keinen Verlust erwirtschaften, keine Dividende an die Anteilseigner ausschütten und eine soziale Mission verfolgen (Wilson und Post 2013; Yunus und Weber 2010). Eine entscheidende Konkretisierung und die Prägung des Begriffes gelang Muhammad Yunus (2007), indem er sieben Kriterien aufstellte, die ein Social Business erfüllen müsse:

- Das Ziel, soziale Probleme in Anlehnung an die UN Development Goals zu lösen
- Ökonomische Nachhaltigkeit
- Ökologische Nachhaltigkeit

4.2 Inhalte des Kurses

- Investoren erhalten über ihren Investitionsbeitrag hinaus keine Dividenden
- Der erwirtschaftete Profit wird zur Verbesserung und Expansion reinvestiert
- Löhne auf Marktniveau, dabei aber bessere bzw. überdurchschnittliche Arbeitsbedingungen
- Mach es mit Freude!

Diese Kriterien sind sehr speziell und richten sich eher an die Praxis als an die Wissenschaft. Trotzdem griffen viele Wissenschaftler die Konkretisierung von Yunus auf, um diese weiterzuentwickeln. So sieht Spiegel (2011) darin den Startpunkt für weitere Forschungsinitiativen. Yunus (2007, S. 243) erklärt, dass Social Businesses die Chance bieten, unsere heutige Gesellschaft nachhaltig zum Positivem zu verändern: „by defining entrepreneur in a broader way we can change the character of capitalism radically." Mit diesem Trend werden Geschäftsmodelle entwickelt, die den Menschen gezielt helfen sollen und somit die Möglichkeit eröffnen, den Kapitalismus gezielt zu erneuern (Beckmann 2011). Neben Social Business wird der Begriff des Social Entrepreneurship häufig verwendet. Für die Bearbeiterinnen und Bearbeiter besteht hier die Aufgabe, Unterschiede und Gemeinsamkeiten herauszuarbeiten und eine genaue Abgrenzung vorzunehmen.

Der Begriff Social Entrepreneurship wurde unter anderem geprägt von Bill Drayton, der 1980 die Organisation Ashoka gründete. Der ehemalige Unternehmensberater unterstützt mit dieser Organisation Menschen, die erfüllt sind von einer sozialen Vision, die sie unternehmerisch umsetzen möchten (Mair und Marti 2006). Ein weiterer wichtiger Impulsgeber war Bill Strickland, der 1967 die Manchester Craftsmen's Guild gründete, in der Kinder aus armen Verhältnissen die Chance erhalten, einen Schulabschluss zu machen. 90 % der Kinder besuchen nach dem erfolgreichen Abschluss auch die Universität (Perrini 2006).

Nach einigen Jahren wurde das Konzept Social Entrepreneurship auch in der Wissenschaft vielfältig diskutiert, wodurch verschiedene Definitionen mit unterschiedlichen Blickwinkeln entstanden (Short, Moss und Lumpkin 2009). Volkmann et al. (2012) erklären, dass keine genaue Definition der wichtigsten Terme innerhalb der Social-Entrepreneurship-Forschung existiert. Das liegt vor allen Dingen daran, dass Social Entrepreneurship aus vielen verschiedenen Richtungen betrachtet werden kann (Dacin, Dacin und Matear 2010). Deshalb lassen sich verschiedene Klassifikationen von Social Entrepreneurship vornehmen. Mair und Martí (2006) identifizieren drei Hauptströmungen in der Literatur:

- Social Entrepreneurship als „No- for-Profit-Initiativen" mit alternativen Finanzierungsstrategien, Managementstrategien und Organisationsformen die einen gesellschaftlichen Wert kreieren (Austin, Stevenson und Wei-Skillern 2006).

- Social Entrepreneurship kann als Corporate-Social-Responsibility-Initiative von Unternehmen gesehen werden, die ein Joint Venture oder eine Kooperation mit einer sozialen Organisation eingehen (Sagawa und Segal 2000).
- Social Entrepreneurship als Mittel, um soziale Probleme zu lösen und diese in der Gesellschaft zu verankern (Alvord, Brown und Letts 2004).

Im ersten Punkt wird deutlich, dass Social Entrepreneurship eine besondere Form des Entrepreneurship sein kann (Tan, Williams und Tan 2005). Der zweite Punkt verdeutlicht das bereits genannte Beispiel von Corporate Social Responsibility durch das Joint Venture zwischen Danone und der Grameen Bank. Der dritte Punkt zeigt, dass ein Social Entrepreneurship eine bestimmte Ausprägung eines Social Business sein kann (Mair und Marti 2006). Dacin et al. (2010) erweitern diese Konzepte, indem sie vier Forschungsfelder im Bereich Social Entrepreneurship erkennen: Charakteristika von Social Entrepreneurs, der operative Bereich von Social Entrepreneurship, die genutzten Prozesse und Ressourcen und die primäre Mission und deren Erfolg.

Das erste Forschungsfeld konzentriert sich auf die Charakterisierung des Social Entrepreneurs, in dem auf die individuellen Verhaltensweisen, die benötigten Fähigkeiten und persönliche Motivation eingegangen wird (Light 2009). Dabei wird diskutiert, worin die Unterschiede zwischen sozialen und anderen Formen von Entrepreneurship bestehen (Tan et al. 2005). Bornstein (2007) definiert Social Entrepreneurs als Menschen, die mit ihrer Vision soziale Probleme lösen wollen. Social Entrepreneurship kombiniert also das Einfallsreichtum vom traditionellen Entrepreneurship mit der Mission, die Gesellschaft positiv zu verändern (Dees 1998; Prabhu 1999; Short et al. 2009).

Die Beschreibung des operativen Bereiches, in dem Social Entrepreneure arbeiten, bietet einen weiteren Blickwinkel. Viele Beiträge befassen sich mit der speziellen Gründungsphase von Social Entrepreneurs und dem Marktsegment, in dem soziale Dienstleistungen und Produkte angeboten werden (Dorado 2006). Zahra et al. (2009) ergänzen diese Herangehensweise und bezeichnen Social Entrepreneurship als die primäre Aufgabe des Social Entrepreneurs in seiner sozialen Organisation. Dacin et al. (2010) konzentrieren sich auf die Auswahl der Prozesse und Ressourcen, die genutzt werden, um ein soziales Unternehmen zu gründen und zu führen. Der finale Ansatz stellt die primäre Mission und das Ergebnis von Social Entrepreneurships in den Vordergrund. Da der Erfolg vorrangig über den geschaffenen sozialen Wert gemessen wird, rückt dieser Begriff bei der Definition in den Vordergrund (Dacin et al. 2010). Hibbert, Hogg und Quinn (2005) sehen Social Entrepreneurship als eine Aktivität, die soziale Bedürfnisse befriedigt oder sich um die Belange von gesellschaftlich benachteiligten Menschen kümmert. Viele Autor/

4.2 Inhalte des Kurses

innen merken an, dass der ökonomische Erfolg gesichert sein muss, da sonst die soziale Mission nicht nachhaltig erfüllt werden kann (Mair und Marti 2006). Die hier gezeigten Definitionen von Social Entrepreneurship stehen zum größten Teil im Zusammenhang mit dem Begriff Social Business. So rücken auch hier die soziale Mission und der damit im Zusammenhang stehende soziale Nutzen in den Vordergrund. Außerdem sind die eingesetzten Ressourcen von entscheidender Bedeutung, um die Ziele des Social Entrepreneurs zu erreichen. Deshalb führen einige Autor/innen beide Konzepte zusammen und bezeichnen die Organisationen von Social Entrepreneurs als *Social Entrepreneurial Organization* (Beckmann 2011; Hackenberg und Empter 2011; Heinze, Schneiders und Grohs 2011). Andere Autorinnen und Autoren sehen Social Business eher als Teil der Social-Entrepreneurship-Bewegung, da es das Produkt einer sozialen Gründung sein kann. Allerdings ist der Begriff Social Entrepreneurship deutlich weiter gefasst, da auch Non-Profit-Organisationen mit eingeschlossen sind (Mair und Marti 2006).

Social Enterprise Social Enterprise ist eine weitere Bezeichnung, die eng im Zusammenhang mit dem Begriff Social Business steht. Dieser Term existiert in der Literatur schon deutlich länger als die Begriffe Social Business oder Social Entrepreneurship. Am Anfang der Social-Enterprise-Forschung wurde dieser Begriff als Non-Profit-Organisation definiert, die öffentliche Güter oder Dienstleistungen anbietet, die der Staat nicht im ausreichenden Maße zur Verfügung stellt und auch auf freien Märkten nicht angeboten wird (Hansmann 1987). Dart (2004) sieht in Social Enterprises eine Revolution im Non-Profit-Sektor, da sie sich in Strategie, Struktur, Werten und Normen von traditionellen Non-Profit-Organisationen unterscheiden. Sie konzentrieren sich auf die Kundenbedürfnisse und verbinden so eine soziale und finanzielle Motivation, die Emerson und Twersky (1996) als „double bottom line" bezeichnen. Diese Organisationen treten beispielsweise in den Bereichen Bildung, erneuerbare Energien oder Kultur immer dann auf, wenn die Sektoren Staat und Markt versagen (Díaz-Foncea und Marcuello 2012). Defourney und Nyssens (2010) sehen Social Enterprises daher als Organisationen, die Problemgruppen des Arbeitsmarktes eine Perspektive bieten können. Auch das Europäische Forschungsnetzwerk EMES unterstreicht, dass das Ziel von Social Enterprises darin besteht, im „Non-Profit"-Sektor einen Nutzen für die Gesellschaft zu leisten (Defourny und Nyssens 2012). Um diese Art von Organisation zu unterstützen, entwickelte die Europäische Union sieben Prinzipien (Díaz-Foncea und Marcuello 2012):

- Vorrang individueller- und sozialen Ziele vor Kapitalinteressen
- Ehrenamtliche und offene Mitgliedschaft
- Demokratische Kontrolle durch die Mitglieder/innen

- Verbindung der Interessen der Mitglieder mit den allgemeinen Interessen
- Verteidigung und Implementierung der Werte Solidarität und gesellschaftliche Verantwortung
- Unabhängigkeit des Managements hinsichtlich staatlicher Eingriffe
- Überschüsse sollen für die nachhaltige Entwicklung der Organisation oder die Interessen der Mitglieder genutzt werden

Durch diese Vorgaben möchte die Europäische Union ihre Mitgliedsstaaten animieren, die Förderung von Social Enterprises vorzunehmen (Díaz-Foncea und Marcuello 2012). Die Ziele von Social Enterprises und Social Businesses sind sehr ähnlich, da beide Arten von Organisationen langfristig soziale Probleme lösen wollen (Trivedi und Stokols 2011). Der entscheidende Unterschied zu einem Social Business liegt in der Gewinnorientierung. Während Social Enterprises als ausschließliche Non-Profit-Organisationen arbeiten, streben Social Businesses mindestens keinen Verlust an, um wirtschaftlich autark arbeiten zu können. Durch diese Einschränkung wird deutlich, warum für diese Arbeit der Begriff des Social Business gewählt wurde, da gezeigt wird, wie ein Unternehmen das eine Belegschaft hat, die zu 50 % aus Menschen mit Behinderung besteht, gewinnorientiert arbeitet.

Zur Beschreibung der in der Einleitung formulierten Problemstellung eignet sich am besten das Konzept Social Business, da im Gegensatz zu Social Entrepreneurship, der gesamte Fokus auf das Unternehmen gerichtet ist. Des Weiteren trifft der Begriff Social Enterprise nicht den Kern dieser Arbeit, da diese Organisationen meist vom Staat finanziert werden und somit nicht selbsttragend arbeiten. Doch gerade dieser Aspekt ist bei der Bearbeitung von besonderer Bedeutung, da ein gewinnorientiertes Unternehmen unter anderen Effizienzbedingungen arbeitet als eine soziale Organisation, die ihr Geld ohne marktwirtschaftliche Kriterien zugewiesen bekommt. Wie oben beschrieben, gibt es natürlich Überschneidungen zwischen den Begriffen Social Business und Social Entrepreneurship/Social Enterprise.

Eine weitere Aufgabe für die Bearbeiterinnen und Bearbeiter ist es, eine Abgrenzung zu konventionellen Unternehmen zu entwickeln. Hier können mehrere Argumente angeführt werden:

Um den Unterschied von sozialen und kommerziellen Unternehmen zu verdeutlichen, kann man zwei Zitate von Friedman und Yunus heranziehen. Milton Friedmann (1970) sieht die soziale Verantwortung von Unternehmen darin, dass sie einen Gewinn generieren. Dieses Gewinnstreben führt ohne staatliche Eingriffe auch auf gesellschaftlicher Ebene zu Verbesserungen. Somit sind Gewinne ein Anreiz für die Unternehmen und für die Gesellschaft Mittel zum Zweck, um einen bestmöglichen sozialen Nutzen zu erzielen (Beckmann 2011) (Tab. 4.1).

4.2 Inhalte des Kurses

Tab. 4.1 Unterschiede zwischen kommerziellen und sozialen Unternehmen. Quelle: in Anlehnung an Beckmann 2011.

	Social Business	Kommerzielles Business
Oberstes unternehmerisches Ziel	Soziale bzw. ökologische Nutzenmaximierung	Gewinnmaximierung
Befriedigung gesellschaftlicher Bedürfnisse	Direkt über das unternehmerische Ziel	Indirekt über die Gewinnmaximierung

Muhammad Yunus (2007, 2010) beschreibt es gegenteilig: Die soziale Verantwortung von Unternehmen besteht nicht nur darin einen Profit zu erzielen, sondern soziale Ziele der Gesellschaft zu erfüllen. Das heißt, das oberste Ziel von Social Businesses ist es, den sozialen oder ökologischen Nutzen zu maximieren. Der Unterschied zwischen kommerziellen und sozialen Businesses liegt in der Priorität zwischen der Kreierung von sozialem und ökonomischem Nutzen. Bei der Zielhierarchie steht bei Social Businesses der soziale Nutzen deutlich vor dem ökonomischen Nutzen, weil sonst das Geschäftsmodell nicht funktionieren würde (Mair und Marti 2006). Bei kommerziellen Unternehmen ist der soziale Nutzen ein Zusatzprodukt (Venkataraman 2002). Es kann argumentiert werden, dass kommerzielle- und Social Businesses keine konkurrierenden Ziele haben, sondern diese auf unterschiedlichen Wegen erreichen wollen (Beckmann 2011).

Einige Autor/innen gehen noch einen Schritt weiter. Da Social Businesses auch gewinnwirtschaftlich arbeiten, bieten sie auf zwei Wegen einen gesellschaftlichen Nutzen: direkt durch das Geschäftsmodell und indirekt über die Steigerung des Gewinnes (Volkmann et al. 2012). Lingane und Olsen (2004) erläutern, dass die soziale Wirkung von Social Businesses somit größer ist als im Industriestandard. Kommerzielle Unternehmen erhöhen zwar den Wohlstand einer Gesellschaft durch das Erbringen von Leistungen und die Schaffung von Arbeitsplätzen, doch dieser soziale Nutzen fällt schwächer aus, als bei Social Businesses. Wie oben beschrieben liegt die Hauptleistung von Social Businesses nicht in den finanziellen, also gut operationalisierbaren Kategorien, sondern in der sozialen Mission, die nur schwer messbar ist. Zwar kann gezeigt werden, wie viele Menschen Hilfe oder einen Arbeitsplatz durch das Unternehmen erhalten haben, aber die Messung der Wirkung und der Nachhaltigkeit fällt dabei schwer (Studdard und Darby 2011).

Trivedi und Stokols (2011) sehen ein großes Problem in der Vergleichbarkeit der Performance von Social Businesses und kommerziellen Unternehmen, da bei letzteren hauptsächlich das Wachstum als Indikator für die Performance herangezogen wird. Einige Autor/innen stufen das Wachstum zum unabdingbaren Überlebensmerkmal eines kommerziellen Unternehmens ein (Bantel 1998; Murphy, Trailer und Hill 1996). Social Businesses stehen nicht unter diesem Wachstumszwang, da sie die finanzielle Nachhaltigkeit nur als zweitrangiges Ziel haben. Ein großer Unterschied von sozialen und kommerziellen Unternehmen besteht im Strategiebildungsprozess. Da das oberste Ziel von Social Businesses darin besteht, ihre soziale Mission zu erfüllen, ist diese auch die wichtigste Treibkraft für die Strategie des Unternehmens (Mair und Marti, 2006; Peredo und McLean 2006). Somit ist die Formulierung der sozialen Mission gleichzeitig eine strategische Ausrichtung der Organisation. Um langfristig überleben zu können, muss die soziale Mission erfüllt werden (Studdard und Darby 2011).

Neben der Abgrenzung zu kommerziellen Unternehmen, muss auch eine Trennung zu anderen sozialen Initiativen erfolgen, die oft durch Spenden finanziert werden. Social Businesses haben im Vergleich zu spendenfinanzierten sozialen Verbesserungen einen größeren Nutzen, da sie ein nachhaltiges Konzept beinhalten. Im Idealfall entsteht eine Organisation, die sich dauerhaft um die Lösung eines Problems bemüht. Eine Spende mildert ein Problem zwar, aber löst es nicht. Außerdem werden Bedürftige aus dem „psychologischen Gefängnis der Almosen […] befreit", da sie nun eher Empfänger von Dienstleistungen sind oder selbst tätig werden (Spiegel 2011, S. 136). Diese Arbeit soll keine Wertung darüber abgeben, welcher Ansatz dazu besser geeignet ist, gesellschaftliche Probleme zu lösen, sondern es sollte in diesem Abschnitt gezeigt werden, dass Social Businesses anders funktionieren als kommerzielle Unternehmen und deshalb andere Mechanismen und Verhaltensweisen in der Organisation existieren.

Arbeitsauftrag für die Teilnehmenden Im Anschluss sollen die Teilnehmenden in Kleingruppen erarbeiten, wie ein Businessplan von einem Social Business aussehen kann. Dabei sollen sie sich in die Rolle eines Gründers hineinversetzen, alle wichtigen Kapitel eines Businessplanes auflisten und besonders auf die strategische Positionierung eingehen. Danach soll jede Gruppe ihre Ideen im Plenum präsentieren. Dies soll als Elevator Pitch erfolgen. Jede/r Teilnehmende darf Punkte verteilen, sodass am Ende das beste Projekt gewinnt. Wichtige Punkte zur Positionierung des Unternehmens sind dabei: die kommunizierbaren Kernkompetenzen, mein Aufgabenfeld, mein Geschäftsfeld, meine Zielgruppe, das Problem der Zielgruppe, Bedürfnisse der Zielgruppe sowie die Bedürfnisse der strategischen Partnerinnen und Partner.

4.2.4 Entwicklungsperspektiven

Das letzte Modul der Case Study soll die Kreativität der Teilnehmenden stärken, indem sie sich in den Gruppenreferaten mit den Entwicklungsmöglichkeiten der

4.2 Inhalte des Kurses

Phase	Inhalt	Zeit in h
Einführung in das Thema durch den Dozierenden Kick-off	Was ist eine Case Study? - Austeilen der Case Study über das Unternehmen Dialog im Dunkeln - Besonderheiten sozialer Unternehmen gegenüber normalen Unternehmen	1
	Vorstellung der Themenbereiche anhand der Case Study 1. Geschichte von Sozialen Unternehmen 2. Das Konzept von Social Business und Social Entrepreneurship 3. Businessmodell von sozialen Unternehmen 4. Menschen mit Behinderung als bedürftige Minderheit 5. Personalmanagement von Menschen mit Behinderung 6. Führung von sozialen Unternehmen 7. Kooperationspartner von AfB 8. Lieferantenmanagement 9. Unternehmenskultur in sozialen Unternehmen 10. Social Franchise: Prinzipal-Agent und Stewardship-Theorie 11. Entwicklung von Strategien u. weitere Geschäftsfeldern von AfB	1,5
	Themenvergabe - je nach Größe der Gruppe, 1-2 Bearbeiter/innen pro Thema - 15-20-seitige Arbeit	0,5
	Einführung in das wissenschaftliche Arbeiten - Forschungsfrage - Strukturierung der Arbeit - Literaturrecherche	0,5
	Fragen an den Dozierenden	0,5
		= 4
Selbststudium und Erstellung der Hausarbeit mit mehreren Feedbacks	Lesen des Falles und Erfassen des „Status Quo"	15
	Verständnis aufbauen und Problemdefinition für das jeweilige Thema	5
	Erstellen einer Gliederung (2-4 Wochen) - Ausarbeitung einer Fragestellung - Literaturrecherche - Feedback vom Dozierenden einholen	30
	Erarbeitung der Hausarbeit auf Basis der Gliederung (4-8 Wochen) - empirische Basis bildet die Fallstudie - Feedback vom Dozierenden für die Hausarbeiten	50
	Erstellen einer Präsentation (2 Wochen)	20
		= 120
Präsentation der Hausarbeiten	Vorstellung und Diskussion der Arbeiten - Leitung der Diskussion durch den Dozierenden Themenfelder die nicht abgedeckt sind übernimmt der Dozent - Erarbeiten erfolgt durch Interaktion mit den Studierenden	16
	Summe Arbeitsstunden	= 140
Evaluation und Feedback	Per E-Mail oder persönlich	

Abb. 4.1 Kursablaufplan

AfB gGmbH auseinandersetzen. AfB möchte in den nächsten Jahren stark expandieren und benötigt dafür noch ein nachhaltiges Konzept. Auf der einen Seite werden alternative Vertriebsmodelle diskutiert und auf der anderen Seite wird untersucht, ob das Konzept von AfB auch auf andere Branchen übertragbar ist. So könnten mehr Menschen mit einer Behinderung auf dem ersten Arbeitsmarkt eine Anstellung bekommen und die Gesellschaft könnte von den Talenten dieser Menschen profitieren. Die Teilnehmenden sollen ein Konzept oder einen Businessplan entwickeln, wie die Zukunft von AfB aussehen könnte.

4.3 Kursablaufplan

Die Abb. 4.1 zeigt den Kursablaufplan.

Werkzeuge 5

Die Bearbeiterinnen und Bearbeiter der Case Study sollen bei der Erstellung des Businessplans bzw. bei der Beurteilung der Expansionsfähigkeit des Unternehmens AfB gGmbH verschiedene Werkzeuge zu Hilfe nehmen. Die Werkzeuge werden in diesem Kapitel direkt anhand der Beispielunternehmen dargestellt. Zunächst soll über eine Branchen- und Wettbewerbsanalyse die Situation des Unternehmens am Markt beurteilt werden. Über das Businessmodell und eine Analyse der strategischen Ausrichtung können ferner die besonderen Merkmale einer Geschäftstätigkeit im Social Business dargestellt werden.

5.1 Branchen- und Wettbewerbsanalyse

Um langfristig bestehen zu können, muss ein Unternehmen das Umfeld seiner Mitbewerber/innen kennen. Eine Charakterisierung des Marktes befindet sich immer in einem Businessplan, um die Nische des eigenen Unternehmens glaubwürdig darstellen zu können. Die Branchenanalyse stellt, neben der Konkurrenzanalyse und der strategischen Positionierung, die Grundlage für die Entwicklung einer Wettbewerbsstrategie dar. Eine „Wettbewerbsstrategie ist das Streben, sich innerhalb der Branche [...] günstig zu platzieren" (Porter 1985, S. 19). Porter definiert fünf Kräfte, die die Umwelt eines Unternehmens beeinflussen (Abb. 5.1).

Um eine erfolgreiche Strategie zu entwickeln, bedarf es zusätzlich zur externen Analyse der Branche, die interne Untersuchung eines Unternehmens. Barney (1991) entwickelte ein Framework zur Untersuchung der Ressourcen eines Unternehmens (resouce-based view) (Abb. 5.2). Im wissenschaftlichen Diskurs hat sich für den Begriff der Ressource eine Vielzahl von Definitionen mit unterschiedlichen Bedeutungsinhalten etabliert (Sammerl 2006, S. 133).

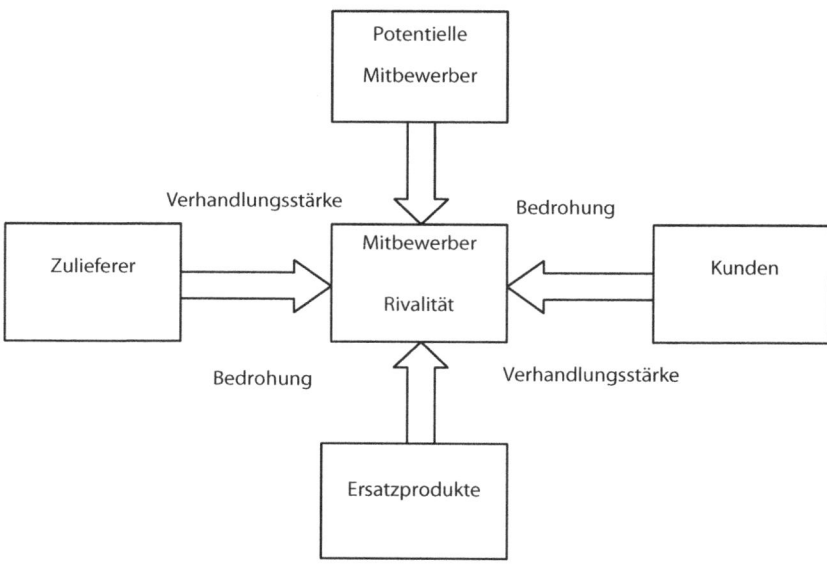

Abb. 5.1 Branchenstrukturanalyse nach Porter. Quelle: In Anlehnung an Porter 1985.

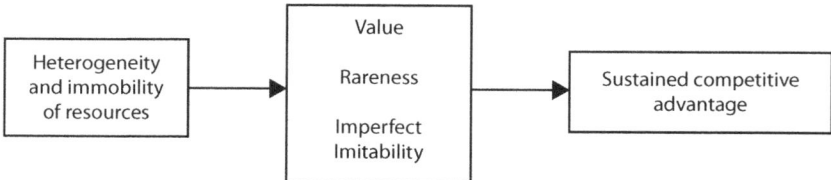

Abb. 5.2 Ressourcenanalyse nach Barney. Quelle: In Anlehnung an Barney 1991.

Aufbauend auf der Branchenstrukturanalyse und Ressourcenanalyse können die Stärken und Schwächen analysiert werden. Die Bearbeiterinnen und Bearbeiter sollen die Ressourcen der AfB gGmbH herausarbeiten und den jeweiligen Kategorien zuordnen. Das kann entweder im Plenum oder in einer gemeinsamen Diskussion erfolgen.

5.2 Businessmodell und strategische Ausrichtung

In diesem Abschnitt sollen sich die Teilnehmenden mit der Strategie auseinandersetzen. Der Begriff Strategie hat seinen Ursprung in der militärischen Geschichte

5.2 Businessmodell und strategische Ausrichtung

(beschrieben in „The Art of War" von Sun Tzu oder in „Vom Kriege" von Carl von Clausewitz) und der politischen Ideengeschichte (beschrieben in „Il Principe" von Niccolò Machiavelli). Im 19. Jahrhundert wurde der Strategiebegriff erfolgreich auf die Managementforschung übertragen und wird seitdem vielfältig diskutiert (Reinhardt 2007). In der Managementliteratur gibt es eine Vielzahl von Definitionen des Strategiebegriffes. Porter erklärt, dass strategische Aktivitäten eine einzigartige und wertvolle Position für Unternehmen schaffen. Grant vereinfacht diese Definition: „strategy is about winning" (Grant 2005, S. 4). Es existieren drei generische Strategien, die sich aus den Ansätzen zur Erreichung von Wettbewerbsvorteilen ableiten lassen: Strategie der Kostenführerschaft, Differenzierungsstrategie und Fokussierungsstrategie.

Nach der Gründungsphase der AfB gGmbH wurde erkennbar, dass ein Social Business anders funktioniert als ein konventionelles Unternehmen. Da die grundsätzliche Ausrichtung auf dem gesellschaftlichen Nutzen liegt, unterscheiden sich das Businessmodell und die strategische Positionierung deutlich. Die Teilnehmenden sollen anhand des Businessmodells erläutern, wie die AfB gGmbH funktioniert. Hierbei spielen verschiedene Aspekte eine Rolle: die Motivation der Kooperationspartner, gesellschaftliche Verantwortung (CSR), Inklusion von Menschen mit Behinderung, gesellschaftlicher Druck. Die Abb. 5.3 soll die Komplexität des Geschäftsmodells verdeutlichen:

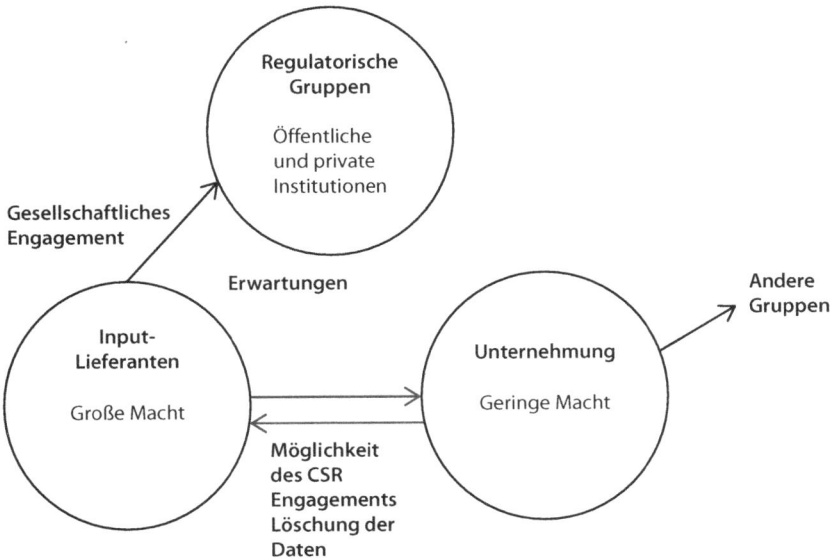

Abb. 5.3 Komplexität eines Geschäftsmodells im Social Business

Das Geschäftsmodell stellt die Grundlage eines jeden Unternehmens dar. Bei der Festlegung des Geschäftsmodells wird die Grundlage für eine erfolgreiche Zukunft gelegt. Das Interesse an Businessmodells bzw. Geschäftsmodelle ist in den letzten 18 Jahren sowohl in der Wissenschaft als auch Praxis gewachsen (Zott, Amit und Massa 2010). Der Begriff des Businessmodells entstand Mitte der 1990er-Jahre (Teece 2010). Geschäftsmodelle sind Geschichten, die erzählen, wie ein Unternehmen funktioniert (Magretta 2002). Das Geschäftsmodell besteht aus vier interagierenden Elementen, die einen gemeinsamen Wert bilden: Kundennutzen, Ertragsformel, Schlüsselressourcen und Schlüsselprozesse (Johnson, Christensen und Kagermann 2008). Teece (2010) grenzt diese Definition weiter ein. Er argumentiert, dass das Geschäftsmodell ausschließlich für den Kundennutzen entsteht und dem Unternehmen die Logik, Daten und Struktur für Umsätze und Kosten liefert. Gleichzeitig kann das Geschäftsmodell auch die Strategie und die Struktur eines Unternehmens charakterisieren, um nachhaltige Wettbewerbsvorteile zu erlangen (Morris, Schindehutte und Allen 2005).

Die Untersuchung von Geschäftsmodellen kann auf drei verschiedene Bereiche angewendet werden (Abb. 5.4), die eng mit den oben genannten Definitionen zusammenhängen (Zott et al. 2010): E-Business und die Verwendung von Informationstechnologien, Innovations- und Technologiemanagement sowie strategische Belange wie Unternehmensperformance oder Wettbewerbsvorteile. Der Forschungsstrang, der sich ausschließlich mit dem E-Business beschäftigt, brachte dem Businessmodell die größte Aufmerksamkeit entgegen (Shafer, Smith und Linder 2005). Das rasante Wachstum des Internets verhalf der Vermarktung und dem Verkauf über dieses Medium zu einem Wachstumsboom. Ende der 1990er-Jahre entstanden auf diese Art völlig neue Geschäftsmodelle, die sich in ihren Prozessen und Ressourcen deutlich von bisherigen Unternehmen unterschieden. Das veranlasste viele Wissenschaftler/innen, sich mit diesem Thema auseinanderzusetzen und die Geschäftsmodelle näher zu untersuchen (Amit und Zott 2001).

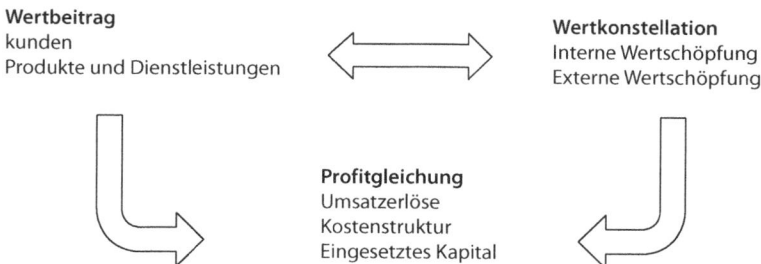

Abb. 5.4 Drei Komponenten eines Businessmodells. Quelle: Yunus et al. 2010.

5.2 Businessmodell und strategische Ausrichtung

Es entstanden völlig neue Organisationsformen wie E-Shops, E-Procurement, Portale, Community-Modelle oder distributive Netzwerke (Rappa 2000; Tapscott, Lowy und Ticoll 2000; Timmers 1998). Timmers (1998) entwickelte daraus elf generische E-Businessmodelle und Tapscott et al. (2000) fünf verschiedene Typen von Geschäftsmodellen. In der Praxis entstanden dann Unternehmen wie Google, eBay oder Intershop[1], die die bisherigen Grenzen verschwimmen ließen (Bunnel und Luecke 2000; David und Malseed 2005; Shafer et al. 2005). Einige Forscher/innen betrachten das Businessmodell als Möglichkeit, die Innovationsfähigkeit und das Technologiemanagement eines Unternehmens zu beschreiben. Hier wird zwischen zwei verschiedenen Sichtweisen unterschieden. Einerseits wird beschrieben, wie innovative Ideen durch das Geschäftsmodell in die Praxis umgesetzt werden (Zott et al. 2010). Das zeigen beispielsweise Chesbrough und Rosenbloom (2002) in ihrer Fallstudie über das Unternehmen Xerox, in dem sie verschiede Spin-offs und deren Innovationen untersuchen. Die Unterscheidung in erfolgreiche und erfolglose Unternehmen zeigt, dass das Businessmodell als Werkzeug genutzt werden kann, um Produktentwicklungen und Kundenbedürfnisse zu kombinieren.

Andererseits kann es als Quelle für neue Innovationen innerhalb des Unternehmens angesehen werden (Zott et al. 2010). Um ein offenes Businessmodell für Innovationen entwickeln zu können, bedarf es unterstützender Prozesse und Abläufe im Unternehmen (Mitchell und Coles 2003). Beispielsweise können „Open-Innovation"- (Chesbrough 2003) oder „Design-Thinking"-Konzepte (Brown 2008) dazu beitragen, dass Mitarbeiter/innen eines Unternehmens offener werden bezüglich neuer Ideen. Das Geschäftsmodell bekam in den letzten Jahren eine erhöhte Aufmerksamkeit von Wissenschaftler/innen, die sich mit der Wertschöpfung, der Performance oder den Wettbewerbsvorteilen eines Unternehmens beschäftigen (Zott et al. 2010). Einige sehen im Geschäftsmodell einen Einflussfaktor auf die Performance und somit auch auf die Wettbewerbsvorteile eines Unternehmens (Morris et al. 2005). Daraus schließen Afuah und Tucci (2000), dass unter dem Begriff Geschäftsmodell Wettbewerbsvorteile und Performance vereinigt werden können. Somit bietet das Konstrukt einen ganzheitlichen Erklärungsansatz für den Erfolg eines Unternehmens.

Ein neues, effektives und sinnvoll umgesetztes Businessmodell kann neue Standards und eine neue Logik für eine ganze Branche setzen (Magretta 2002). Da das Businessmodell erklärt, wie die Aktivität eines Unternehmens verbessert werden

---

[1] Intershop ist ein 1992 gegründetes Unternehmen aus Jena. Es bietet E-Commerce-Lösungen für Handelsunternehmen an und gehörte zu den großen Gewinnern der New-Economy-Phase (http://www.intershop.de/).

kann (Richardson 2008), besteht auch eine enge Verknüpfung zur Strategie. Doch die Strategie und das Geschäftsmodell sind keine Substitute und müssen daher müssen als Ergänzungen betrachtet werden (Zott und Amit 2008). Casadesus-Masanell und Ricart (2010) erweitern diese Aussage, indem sie das Businessmodell als Reflektion der Strategie eines Unternehmens sehen.

Auch die Wertschöpfung eines Unternehmens kann mit dem Businessmodellansatz erklärt werden. Amit und Zott (2001) untersuchen in ihrer Studie 150 Unternehmen und identifizieren vier Quellen für die Wertschöpfung: neuartige Innovationen bzw. Prozesse am Markt, Anregungen zum Kauf neuer Produkte und Bindung an das Unternehmen (Lock-in), Komplementarität von Produkten, Verwaltung von Dienstleistungen oder Aktivitäten unter einem Geschäftsmodell und die Effizienz von Transaktionskosten. Diese Werttreiber beeinflussen sich gegenseitig, wodurch die Effektivität noch gesteigert werden kann. Die Wertschöpfung muss nicht unbedingt auf ökonomische Werte bezogen werden, da sich auch immer mehr soziale Unternehmen am Markt etablieren (Zott et al. 2010). Seelos und Mair (2007) erklären die Wertschöpfung im Kontext von Armut und konzeptualisieren das Businessmodell als ein Set aus Möglichkeiten, um strategische soziale Ziele zu erreichen.

Social Businesses bauen ihre Strategie auf einem besonderen Geschäftsmodell auf. Die primäre Wertschöpfung richtet sich auf die Schaffung eines sozialen Wertes aus und erst sekundär auf einen ökonomischen Wert. Am Beispiel der Grameen Bank erläutern Yunus et al. (2010) verschiedene Schritte, um ein Geschäftsmodell für Social Businesses aufzubauen. Dabei beziehen sich die ersten drei Schritte auf alle Unternehmen und die letzten richten sich ausschließlich an soziale Geschäftsmodelle. Der erste Schritt betrachtet die Innovation, die hinter dem Geschäftsmodell steht. Die Grameen Bank beispielsweise revolutioniert die Kreditvergabe und die Rückzahlungsmodalitäten, damit Bedürftige stärker von Krediten profitieren können.

Im zweiten Schritt sollen langfristige komplementäre Partner identifiziert werden, um von neue Ressourcen und Verbindungen zu profitieren. Im dritten Schritt soll das Geschäftsmodell kontinuierlich weiterentwickelt werden, da so das Risiko eines Scheiterns minimiert werden kann. Die Begünstigung von sozial-orientierten Shareholdern wird im vierten Schritt erläutert. Der letzte Schritt besagt, dass die sozialen Ziele des Geschäftsmodells vorher klar definiert werden müssen, damit keine Konflikte zwischen den ökonomischen und sozialen Zielen entstehen. Social Businesses besitzen generell ein besonderes Geschäftsmodell, da sie anders funktionieren als kommerzielle Unternehmen oder reine Non-Profit-Organisationen. Was macht im speziellen die Unternehmenskultur von AfB aus?

5.3 Systematisierung der Unternehmenskultur im Social Business

Bei der Diskussion des Kulturbegriffes wird deutlich, dass dieser in verschiedenen gesellschaftlichen Bereichen Anwendung findet. So wird der Besuch eines Museums, das Bestellen von Ackerland oder ein Erfolgsfaktor von Unternehmen als Kultur bezeichnet (Schmidt 2008). Die Vielseitigkeit des Begriffes erschwert die Suche nach einer klaren Definition. Heinen und Fank (1997) beschreiben es als unmöglich, eine allgemeine Definition für Kultur zu finden. Auch bedingen sich die Definition dieses Begriffes und die Kultur des Definierenden gegenseitig: „Kultur ist nur in Kultur als Kultur […] beschreibbar" (Schmidt 2008, S. 70).

Heinen und Fank (1997) argumentieren, dass durch diese starke Verbreitung in der Gesellschaft und der daraus resultierenden Unschärfe eine Definition nur in Zusammenhang mit einer Systematisierung und Abgrenzung möglich ist. Bolten (2007) differenziert zwischen dem engen und dem erweiterten Kulturbegriff. Die enge Definition fasst Kultur als Abgrenzung zwischen „Kultur" und „Zivilisation" zusammen, wodurch nicht-kulturelle Bereiche negativ aufgefasst und dadurch ausgegrenzt werden (Bolten 2007). In der Kulturwissenschaft wird heute ausschließlich der erweiterte Kulturbegriff verwendet, bei dem die Gesamtheit des alltäglichen Handelns und die verschiedenen Lebensweisen dargestellt werden (Bolten 2007). In Anlehnung an den erweiterten Kulturbegriff beschreiben Winter et al. (2008) in ihrer anthropologischen Bestimmung Kultur als die „Gesamtheit einer Lebensweise einer Gruppe von Menschen". Durch das nicht nur beschreibende, sondern auch erweiterbare Konzept dieser Kulturdefinition können Grundmuster von Lebensweisen miteinander verglichen werden (Winter et al. 2008).

Seit Anfang der 1980er-Jahre wurde der Kulturbegriff nicht nur auf gesellschaftlicher Ebene, sondern auch auf unternehmerischer Ebene betrachtet, wodurch sich völlig neue Forschungsmöglichkeiten für die Wissenschaft ergaben (Sackmann 2004). Die Wirtschaft wollte daraufhin erfahren, wie sich diese neuen Erkenntnisse auf ihre Organisationen übertragen ließen, um ihre Leistungsfähigkeit zu steigern. Neben den „harten Erfolgsfaktoren", wie die Strategie und Struktur einer Organisation, konnten sich nun auch die „weichen Faktoren" in der Unternehmenskultur durchsetzen, wodurch sich die Rolle des Individuums verstärkte (Schmidt 2008). Das Interesse an diesem Forschungsgebiet stieg durch die wachsende globale Vernetzung, die Konzentration von Unternehmen und die hieraus resultierenden Integrationsprobleme (Sackmann 2004).

Auch bei dem Versuch, Unternehmenskultur zu definieren, wird deutlich, dass der Begriff in der Literatur vielseitig verwendet und zahlreiche Male definiert wurde. Osterhold (2002) sieht im Unternehmensprofit, der Kundenzufriedenheit und der Mitarbeiterzufriedenheit die Eckpfeiler der Unternehmenskultur. Erfolgreiche Unternehmen benötigen die richtige Balance zwischen diesen drei Faktoren. Sackmann (2004) beschreibt Unternehmenskultur wiederum als die Gesamtheit der grundlegenden Überzeugungen aller Personen im Unternehmen. Diese Grundsätze dienen als Orientierung und steuern das kollektive Verhalten. Schmidt (2008) sieht die Unternehmenskultur als philosophisches, „sinnbezogenes Problemlösungsprogramm, das ein Unternehmen erst zu einem Unternehmen macht". Fichtner (2008) identifiziert drei Hauptströmungen: die objektivistischen Ansätze, die subjektivistischen Ansätze und die integrativen Ansätze. In Abb. 5.5 werden diese drei Ansätze mit ihren Subebenen dargestellt:

Mit dieser Systematisierung sollen die drei Ansätze dargestellt werden. Die Objektivisten sehen die Unternehmenskultur als eine weitere organisatorische Variable, die allerdings nur eine untergeordnete Rolle neben der Unternehmensstrategie oder der Unternehmensstruktur spielt (Heinen und Fank 1997). Bei diesem Ansatz erfolgt eine oberflächliche Analyse, sodass lediglich die sichtbaren Artefakte, Werte und Normen als Unternehmenskultur bezeichnet werden (Fichtner 2008). Heinen und Fank (1997) definieren im Rahmen dieser Theorie Unternehmenskultur als „sozialen, normativen Klebstoff", der die Organisation zusammenhält. Somit wird Unternehmenskultur vom objektivistischen Ansatz als ein konstruierbarer Erfolgsfaktor für Organisationen angesehen, der von den Führungskräften ausgearbeitet und verdichtet wird (Fichtner 2008). Bei der empirischen

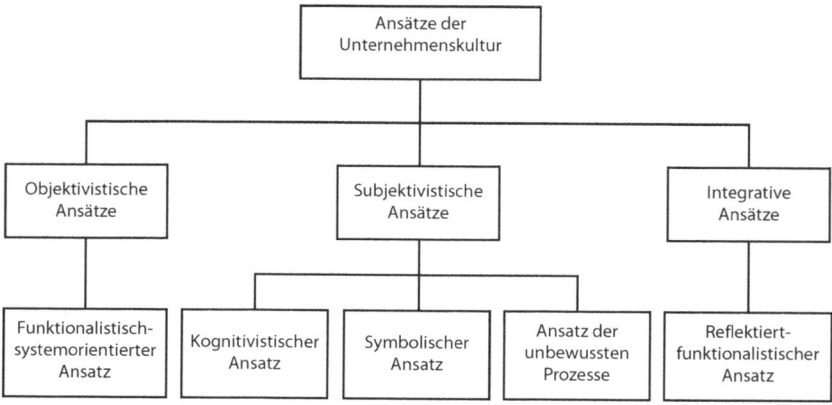

Abb. 5.5 Systematisierung der Unternehmenskulturforschung. Quelle: In Anlehnung an Fichtner 2008.

Untersuchung werden nur quantitative Forschungsmethoden, wie standardisierte Fragebögen oder Interviews eingesetzt (Fichtner 2008).

In den subjektivistischen Ansätzen wird das ganze Unternehmen als Kultur wahrgenommen (Fichtner 2008). Riten, Legenden und Rituale werden bei den Subjektivisten nicht als beobachtbare Artefakte aufgefasst, sondern als zwingend interpretierbare Elemente der Organisation, um die Unternehmenskultur zu verstehen (Fichtner 2008). Heinen und Fank (1997) bezeichnen diese Idee von einer erkenntnisleitenden Unternehmenskultur als „root metaphor". Einen wichtigen Ansatz im Rahmen der subjektivistischen Theorie bildet der symbolische Ansatz, der in jeder Organisation eigene unverwechselbare Symbole, Bedeutungen und Orientierungsmuster für das Verhalten der Mitarbeiterinnen und Mitarbeiter sieht (Schmidt 2008).

Die Hauptvertreterinnen und Hauptvertreter des integrativen Ansatzes gehen davon aus, dass Unternehmen selbst eine Kultur besitzen, aber gleichzeitig auch eine Kultur sind. Somit stellt dieser Ansatz eine Verknüpfung der objektivistischen und der subjektivistischen Perspektive dar (Fichtner 2008). Edgar Schein kann als einer der Hauptvertreter der integrativen Ansätze angesehen werden. Nach Schein dient die Unternehmenskultur dem Überleben, dem Wachstum und der Anpassung des Unternehmens an seine Umwelt (Schmidt 2008). Er untergliedert Unternehmenskultur in drei Ebenen: Artefakte als sichtbare Strukturen, bekundete Werte als Strategien und Ziele und Grundprämissen als unbewusste Wahrnehmungen (Schein 2010). Für das Überleben einer Organisation kann die Unternehmenskultur essentiell sein (Schmidt 2008).

Zusammenfassend unterscheidet Schmidt (2008) drei grundsätzliche Konzepte: „Unternehmen sind Kultur, Unternehmen haben Kultur und Unternehmen machen Kultur". Hier wird der objektivistische Ansatz gewählt und um das Modell der Unternehmenskultur von Osgood ergänzt. Osgood hat mit seinem Eisbergmodell eine weitere Klassifikation entwickelt, indem er zwischen „Perceptas" und „Konceptas" unterscheidet (Bolten 2007). Die „Perceptas" bilden sichtbare Artefakte, Verhaltensweisen und Rituale, die sich direkt empirisch beobachten lassen (Sackmann 2004). Im Gegensatz dazu kann die „Konceptas" nicht direkt wahrgenommen werden, da die Werte, Normen und Einstellungen sich geschichtlich herausgebildet und manifestiert haben (Heinen und Fank 1997). Bei der Kulturanalyse können viele direkt wahrnehmbare Artefakte, Verhaltensweisen und Gewohnheiten empirisch beschrieben werden.

Welche Funktionen erfüllt nun die Kultur eines Unternehmens? Sackmann (2004) nennt die Komplexitätsreduktion, koordiniertes Handeln, Identifikation und Kontinuität. Das Zusammenspiel dieser Faktoren ermöglicht ein erfolgreiches Wirtschaften und identifiziert relevante Bereiche innerhalb einer Organisation, die die Funktionen beeinflussen. Diese Bereiche sind in Abb. 5.6 dargestellt:

Abb. 5.6 Einflussbereiche der Unternehmenskultur. Quelle: In Anlehnung an Sackmann 2004.

Alle Aktivitäten von Unternehmen, die in Abb. 5.3 dargestellt sind, sind Arten von Kommunikation. Sie müssen aufeinander abgestimmt werden, sodass keine Widersprüche entstehen, aber gleichzeitig eine Anpassung an eine sich ändernde Umwelt möglich ist (Schmidt 2008). Schmidt argumentiert weiter, dass ein Unternehmen erst dann eine Identität erlangen kann, wenn sich die Differenz zwischen Unternehmen und Umwelt stabilisiert. Somit entstehen eine Identität und die Unternehmenskultur durch die Orientierung an eigenen Werten, Kompetenzen und Interessen. Es ist also unmöglich, keine Unternehmenskultur zu besitzen (Osterhold 2002). Beobachtbar wird die Kultur von Organisationen beispielsweise durch den Führungsstil, den Dresscode oder den Umgang mit Zulieferern und Kunden.

Die Unternehmenskultur hat eine besondere Relevanz. Die Mitarbeiterinnen und Mitarbeiter wollen ihre Kreativität und ihre Kompetenzen in die Gestaltungsprozessen einbringen. So bringt die Unternehmenskultur nicht nur Stabilität, sondern auch eine größere Identifikation der Mitarbeiterinnen und Mitarbeiter mit ihrem Arbeitgeber durch eine stärkere Einbindung. Eine Schlüsselrolle bilden bei dieser Integration

5.4 Vertriebsanalyse

die Führungskräfte, da sie die Leitbilder aufstellen und eine Vorbildfunktion einnehmen (Sackmann 2004). Somit kann die Unternehmenskultur eine starke Bindung schaffen, trotz einer immer höher geforderten Flexibilität (Fichtner 2008).

Social Businesses entwickeln sich zum Treiber des sozialen Wandels und erzeugen dabei eine eigene ganz spezielle Unternehmenskultur, da sie anders agieren als kommerzielle Unternehmen (Birkhölzer 2011). Gerade Unternehmen, die viele Menschen mit Behinderung beschäftigen, benötigen eine sehr ausgefeilte und differenzierte Unternehmenskultur, um allen Menschen die bestmöglichen Arbeitsplatzvoraussetzungen zu geben. Die Studierenden sollen hier zeigen, wie wichtig die Unternehmenskultur für ein Unternehmen wie AfB oder wellcome ist. Welche Auswirkungen hat die Kultur auf die Motivation der Mitarbeiter/innen und die Personalakquise?

5.4 Vertriebsanalyse

Bei sozialen Unternehmen kommt dem Vertrieb eine besondere Rolle zu. Denn durch die Verbreitung des sozialen Produktes kann die gesamte Gesellschaft profitieren. Eine schnelles und effizientes Wachstum verspricht das Franchise-System, das schon in vielen Industrien erfolgreich angewendet wurde (Combs, Michael, und Castrogiovanni 2004). Im Franchising zahlt der Franchisenehmer eine Lizenzgebühr an den Franchisegeber, um den Namen und die Marke zu nutzen und von den Erfahrungen zu profitieren (Gillis und Castrogiovanni 2012). Beim kommerziellen Franchising werden die Gebühren in eine variable und fixe Komponente unterteilt, wodurch sie bei höherem Umsatz steigen (Kalnins und Mayer 2004).

Das Konzept wurde in der jüngeren Vergangenheit nicht nur dazu verwendet, den Profit eines Unternehmens zu maximieren, sondern auch, um den sozialen Impact zu vergrößern. Eines der bekanntesten deutschen Social Businesses, das nach dem Franchise-System funktioniert, ist Dialog im Dunkeln. Dort werden Menschen mit verbundenen Augen von einem Guide durch verschiedene Alltagssituationen geführt, um Empathie für blinde Menschen zu entwickeln (Volery und Hackl 2009).[2]

Wenn der Franchisenehmer die Gebühren nicht für den persönlichen Wohlstand verwendet, sondern in das Unternehmen investiert, steht das Franchise-System nicht im Widerspruch zu den Social-Business-Kriterien. Aufgrund der

---

[2] Die Teilnehmenden, die dieses Thema bearbeiten, können hier zusätzlich Informationen zu Dialog im Dunkeln nutzen, welche vom Dozierenden zur Verfügung gestellt werden.

Ressourcenknappheit im Social-Business-Bereich erfreut sich das Konzept großer Beliebtheit (Tracey und Jarvis 2007). Das größte Problem beim Franchising besteht in den unterschiedlichen Interessen des Franchisegebers und Franchisenehmers. Um dieses Spannungsverhältnis besser analysieren zu können, sind zwei Theorien weit verbreitet: die Principal-Agent-Theory und die Stewardship-Theorie.

Die Principal-Agent-Theory hat zum Ziel, Verträge innerhalb einer Auftragsbeziehung zwischen einem Auftraggeber (Principal) und einem Auftragnehmer (Agent) optimal auszugestalten (Ebers und Gotsch 1999). Dieser Vertrag beinhaltet die vom Agent bereitzustellende Arbeitsleistung und regelt die Form der Entlohnung. Typische Beispiele für solche Auftragsbeziehungen sind die Beziehungen zwischen Arbeitgeber/in und Arbeitnehmer/in, Aufsichtsrat und Vorstand, Vorstand und Führungskraft, Fremdkapitalgeber/in und Geschäftsführer/in, Vorgesetztem und Untergebenem. In allen Beispielen werden bestimmte Aufgaben und Entscheidungskompetenzen vom Principal zur Realisierung seiner Interessen an einen Agent (gegen Entlohnung) übertragen. Der Vorteil für den Principal liegt darin, dass er sich die speziellen Handlungseigenschaften wie z. B. die Fachkompetenzen, Erfahrungen und das Wissen des Agenten zunutze machen kann.

Die Beauftragung eines Agenten bringt auch Probleme für den Principal mit sich. Erhält der Agent Entscheidungskompetenzen, so ist dieser in der Lage, zu Lasten des Principals zu handeln, um seine eigenen Interessen zu verfolgen. Die innerhalb solcher Beziehungen vorliegende Koordinationsproblematik beruht auf der Annahme, dass die Aktionen des Agenten vom Principal nicht beobachtbar oder beurteilbar sind. Je stärker die Interessen des Principals und des Agent voneinander abweichen und je weniger Informationen der Principal über die Eigenschaften, die Absichten und die Handlungsmöglichkeiten des Agenten verfügt, desto größer ist für den Principal das Risiko, dass der Agent nicht gemäß dem vereinbarten Auftrag handelt.

Wer jeweils Principal und wer Agent ist, kann häufig nur situationsbezogen entschieden werden, denn ein und dieselbe Person kann sowohl Principal als auch Agent sein. Der Aufsichtsrat einer Aktiengesellschaft ist z. B. gegenüber dem Vorstand Principal und gegenüber dem Aktionär Agent. Ein und dieselbe Person kann auch gegenüber mehreren Personen oder Institutionen Agent sein. So ist z. B. ein Krankenhausarzt nicht nur Agent seiner Patienten, sondern auch Agent der Krankenhausleitung und der Krankenkassen (Picot, Dietl und Franck 2002). Die Rollen von Principal und Agent sind also nicht vorgegeben, sondern jeweils zu definieren. Die Rolle des Agenten übernimmt die Partei, die im Zuge ihrer Aufgabenwahrnehmung einen Informationsvorsprung und einen Handlungsspielraum hat (Stölzle 1999).

5.4 Vertriebsanalyse

Zu den zentralen Annahmen der Principal-Agent-Theory gehören Opportunismus, individuelle Nutzenmaximierung, asymmetrische Informationsverteilung sowie eine differierende Risikobereitschaft der Akteure (Ebers und Gotsch 1999). Opportunistisches Handeln liegt vor, wenn der Agent Verhaltensspielräume auch dann zu seinen Gunsten nutzt, wenn er den Principal dadurch bewusst schädigt (Picot et al. 2002). Dies kann sich in Form von Leistungszurückhaltung, trügerischer Darstellung von Leistungen oder eigennütziger Vertragsauslegung seitens des Agenten bemerkbar machen. Da beide Beteiligte eine Nutzenmaximierung anstreben, kommt es auch hier zu einem Zielkonflikt. Während der Prinzipal an einem günstigen Ergebnis interessiert ist, orientiert sich der Agent nur an seinem eigenen Nutzen, indem er die Nachteile wie Arbeitsleid und Zeitverlust gegen die Vorteile in Form von Vergütung und Karriere abwägt. Zudem werden die differierenden Risikoneigungen berücksichtigt.

Die Teilnehmenden sollen in ihren Ausführungen darlegen, warum die Principal-Agent-Theorie für die Darstellung von Social-Business-Franchising nicht geeignet ist, da bestimmte Verhaltensannahmen nicht berücksichtigt werden können. Einen wesentlich besseren Ansatz liefert die Stewardship-Theorie. Es ist falsch, die Franchisenehmer nur als Agenten zu bezeichnen, da sowohl Franchisegeber als auch Franchisenehmer soziale Entrepreneure sind. Sie sind von der sozialen Mission ihres Unternehmens getrieben und haben somit eine andere Motivation als kommerzielle Franchisenehmer. Der finanzielle Status und ökonomische Macht sind weniger wichtig, da sie eine intrinsische Motivation zur Verbesserung der Alltagssituation benachteiligter Menschen haben.

Die Stewardship-Theorie hat ein völlig anderes Menschenbild als die Principal-Agent-Theorie. Diese Theorie wandelt Agenten in Stewards um, die motiviert sind, im besten Interesse ihres Auftraggebers oder ihrer Vorgesetzten zu handeln. Stewards haben eine hohe Identifikation mit dem Unternehmen und sind deshalb sehr stark intrinsisch motiviert, ihre Leistungen zu erbringen. Sie nutzen eher die persönliche als die institutionelle Stellung, um ihre Interessen durchzusetzen. Außerdem erwarten sie eine niedrige Distanz zu ihrem Principal (Davis, Schoorman und Donaldson 1997). Deshalb können Social-Franchisenehmer eher als Stewards bezeichnet werden.

Arbeitshilfen 6

6.1 Eigenschaften eines Entrepreneurs

Leistungsmotivation Leistungsmotivierte Menschen wollen Probleme eigenständig und nicht durch Dritte oder durch den Zufall lösen. Sie denken langfristig und ganzheitlich, um stets Alternativen vor Augen zu haben und den Überblick zu behalten.

Kontrollüberzeugung Personen mit einer starken internalen Kontrollüberzeugung glauben, dass ihre eigenen Handlungen die Ereignisse unmittelbar beeinflussen. Erfolgreichen Unternehmern wird die internale Kontrollüberzeugung zugeschrieben, denn sie glauben an sich selbst und sind davon überzeugt, dass ihre Handlungen die unternehmerischen Aufgaben beeinflussen.

Unabhängigkeitsstreben Für einige Unternehmensgründer/innen ist das Unabhängigkeitsstreben bzw. die Selbstverwirklichung der ausschlaggebende Grund, sich selbständig zu machen. Sie wollen sich entfalten und ihre eigenen Ideen und Wertvorstellungen umsetzen. Des Weiteren wollen sie selbst über die Handlungs- und Entscheidungsfreiheit verfügen.

Risikobereitschaft Die Bereitschaft, ein Risiko einzugehen, wird in zahlreichen Definitionen des Unternehmertums als zentrale Eigenschaft angesehen. Unternehmer/innen sind eher dazu bereit, ein Risiko einzugehen, als andere Berufsgruppen.

6.2 Anforderungen an die Franchisenehmer/innen

- Freie Jugendhilfeträger aus dem präventiven Bereich (z. B. Familienbildungsstätte, Schwangerenberatung)
- Etabliertes Familienbildungs- und/oder Beratungsangebot
- Zielgruppe: werdende Eltern, Familien und Alleinerziehende mit Neugeborenen und Kleinkindern
- Hauptamtliche Fachkräfte mit Ausbildung und Berufserfahrung im Sozial-/Gesundheitswesen
- Vernetzung im Bereich Frühe Hilfen
- Mitarbeiter/innen oder Partner/innen für Verwaltung, Fundraising, Presse- und Öffentlichkeitsarbeit
- Solide Ausstattung: Büros, Gruppenräume, EDV, Farbdrucker, erweiterbarer Telefonanschluss, Anrufbeantworter

6.3 Voraussetzungen für wellcome-Koordination

- Ausbildung im Sozial-/Gesundheitswesen
- Berufserfahrung in der Arbeit mit Familien und Kindern
- Erfahrung in Gesprächsführung, vor allem zielführende telefonischer Beratung
- Kenntnisse und Erfahrungen mit Kindern von 0 – 3 Jahren
- Erfahrung in der Arbeit mit Ehrenamtlichen
- Kenntnis des örtlichen Netzwerkes, insbesondere Frühe Hilfen
- Kenntnisse über effiziente Dokumentation, Verwaltung und Organisation
- Sichere EDV-Kenntnisse: Textverarbeitung, E-Mail, Internet
- Hohe kommunikative Kompetenz
- Interesse an Presse-, Öffentlichkeits-, Gremienarbeit, Fundraising
- Gute Einbindung an das Team der Trägereinrichtung
- selbstbewusst, aufgeschlossen gegenüber Innovationen
- kontaktfreudig, sicheres und gepflegtes Auftreten
- engagiert, zuverlässig, ausdauernd

6.4 Stellenbeschreibung wellcome-Koordination

- mindestens 5 Wochenstunden (z. B. Minijob, Honorarbasis, Stundenaufstockung bei bestehender Stelle)
- Gewinnung, Auswahl und Betreuung/Begleitung Ehrenamtlicher
- Vermittlung Ehrenamtlicher

- Telefonische Beratung und Vermittlung der Familien
- Ansprechpartner/in während laufender Einsätze
- Organisation von Fortbildung für Ehrenamtliche
- kontinuierliche lokale und regionale Netzwerkarbeit
- Dokumentation und Statistik
- Teilnahme an Qualitätssicherung (z. B. Koordinator/innen-Treffen, -fortbildung, Statistik)

6.5 Finanzierungsplan wellcome-Eröffnung

Der genaue Finanzierungsplan wird von jedem Team errechnet – je nach vorhandenen Ressourcen der Einrichtung, Anstellungsform der Koordination, Größe der zu bedienenden Region, Größe des Teams, Spenden- und Fördermöglichkeiten von Dritten etc. Die Musterrechnung in Tab. 6.1 basiert auf den Erfahrungen aus Hamburg-Niendorf und Norderstedt.

6.6 Erstgespräch mit Familien und Ehrenamtlichen

Erstgespräch mit den Familien
Fragen zu den Geschwistern.
Wie ist die Familie auf das wellcome-Angebot aufmerksam geworden?
Wie sind die Lebenssituation und der Status der Familie?

Tab. 6.1 Musterrechnung für den Finanzierungsplan

Erwartete Ausgaben	
Personalkosten für Koordinatorin (z. B. Minijob à 5 WS)	ca. 5.200 €
Öffentlichkeitsarbeit und Verwaltung (Druckkosten, Telefon, Porto etc.)	ca. 1.500 €
Aufwendungen für ca. 13 Ehrenamtliche (Fortbildung, Fahrtkosten etc.)	ca. 1.300 €
Summe	**ca. 8.000 €**
Erwartete Einnahmen	
Gebühren: ca. 30 Einsätze jährlich; durchschnittlich 20 Stunden à 5€	ca. 3.000 €
Einzelspenden Fördern, wohlhabenden Familien, Sponsoren	ca. 1.400 €
Eigenmittel Träger	ca. 600 €
ggfs. öffentliche Zuwendungen	ca. 3.000 €
Summe	**ca. 8.000 €**

Was war der Auslöser für den Unterstützungswunsch?
Welche Hilfe wird gewünscht?
Klärung des Verlaufs.
Festhalten einer Beratung ohne anschließenden Einsatz?
Welche Gründe gab es dafür?

Erstgespräch mit potenziellen Ehrenamtlichen
Wie von wellcome erfahren?
Fragen zu Ausbildung und Beruf.
Fragen zu den eigenen Kindern.
Erfahrung mit Kleinkindern?
Erfahrung mit einem Ehrenamt?
Motivation für die Arbeit?
Zeitrahmen/Verfügbarkeit/Region?
Mobilität?
Gesundheitliche Einschränkungen?
Informationen über die Leistungen.

Literaturverzeichnis

Afuah, Allan & Tucci, Christopher L (2000) Internet Businessmodells and Strategies. Text and Cases. McGraw-Hill Higher Education, New York

Alvord, Sarah H; Brown, David L & Letts, Christine W (2004) Social Entrepreneurship and Societal Transformation. An Exploratory Study. The Journal of Applied Behavioral Science, 40(3): 260–282

Amit, Raphael & Zott, Christoph (2001) Value Creation in E-business, Strategic Management Journal, 22 (6-7): 493–520

Austin, James; Stevenson, Howard & Wei-Skillern, Jane (2006) Social and Commercial Entrepreneurship: Same, Different, or Both? Entrepreneurship Theory and Practice, 30(1): 1–22

Bantel, Karen A (1998) Technology-based, „adolescent" Firm Configurations: Strategy Identification, Context, and Performance. Journal of Business Venturing, 13(3): 205–230

Becker, Ulrich; Hockerts, Hans Günter & Tenfelde, Klaus (2010) Sozialstaat Deutschland. Geschichte und Gegenwart. Dietz, Bonn

Beckmann, Markus (2011) Social Entrepreneurship – Altes Phänomen, Neues Paradigma moderner Gesellschaften oder Vorbote eines Kapitalismus 2.0?. In: Hackenberg, Helga & Empter, Stefan (Hrsg) Social Entrepreneurship – Social Business: Für die Gesellschaft unternehmen. VS Verl., Wiesbaden, 67–85

Benner, Dietrich (2003) Wilhelm von Humboldts Bildungstheorie: Eine problemgeschichtliche Studie zum Begründungs-zusammenhang neuzeitlicher Bildungsreform, Weinheim: Beltz Juventa

Billis, David (2010) Hybrid Organizations and the Third Sector: Challenges for Practice, Theory and Policy, Basingstoke/ Hampshire: Palgrave Macmillan

Birkhölzer, Karl (2011) Internationale Perspektiven sozialen Unternehmertums. In: Jähnke, Petra; Christmann, Gabriela B. and Balgar, Karsten (Hrsg) Social Entrepreneurship. Perspektiven für die Raumentwicklung. Springer VS, Wiesbaden, S 23–36

Bolten, Jürgen (2007) Einführung in die interkulturelle Wirtschaftskommunikation. Vandenhoeck & Ruprecht, Göttingen

Bornstein, David (2007) How to Change the World: Social Entrepreneurs and the Power of New Ideas. Oxford University Press, Oxford

Bornstein, David & Davis, Susan (2010) Social Entrepreneurship: What Everyone Needs to Know. Oxford University Press, Oxford

Brandsen, Taco; Dekker, Paul & Evers, Adalbert (2010) Civicness in the Governance and Delivery of Social Services. Nomos, Baden-Baden

Brown, Tim (2008) Design Thinking. Harvard Business Review, 86(6): 84–95

Bunnel, David & Luecke, Richard (2000) The e-Bay Phenomenon: Business Secrets Behind the World's Hottest Internet Company. John Wiley & Sons, New York

Casadesus-Masanell, Ramon & Ricart, Joan Enric (2010) From Strategy to Businessmodells and onto Tactics, Long Range Planning, 43 (2): 195–215

Chesbrough, Henry William & Rosenbloom, Richard S. (2002) The Role of the Businessmodell in Capturing Value from Innovation: Evidence from Xerox Corporation's Technology spin-off Companies, Industrial and corporate change, 11 (3): 529–555

Chesbrough, Henry William (2003) Open Innovation: The New Imperative for Creating and Profiting From Technology. Harvard Business School Press, Boston/Mass

Combs, James G; Michael, Steven C & Castrogiovanni, Gary J (2004) Franchising: A Review and Avenues to Greater Theoretical Diversity. Journal of Management, 30 (6): 907–931

Dacin, Peter A; Dacin, Tina M & Matear, Margeret (2010) Social Entrepreneurship: Why We Don't Need a New Theory and How We Move Forward From Here, Academy of Management Perspectives, 24 (3): 37–57

Dart, Raymond (2004) The Legitimacy of Social Enterprise, Nonprofit management and leadership, 14 (4): 411–424

Davis, James H.; Schoorman, F. David & Donaldson, Lex (1997) Toward a Stewardship Theory of Management, Academy of Management Review, 22 (1): 20–47

Dees, J.Gregory (1998) The Meaning of Social Entrepreneurship. Comments and Suggestions Contributed from the Social Entrepreneurship Funders Working Group. Harvard Business School, Boston/Mass

Defourny, Jacques & Nyssens, Marthe (2010) Conceptions of Social Enterprise and Social Entrepreneurship in Europe and the United States: Convergences and Divergences. Journal of Social Entrepreneurship, 1(1): 32–53

Defourny, Jacques & Nyssens, Marthe (2012) The EMES Approach of Social Enterprise in a Comparative Perspective, EMES European Research Network Working Papers, No. 12/03

Díaz-Foncea, Millán & Marcuello, Carmen (2012) Social Enterprises and Social Markets: Models and New Trends. Service Business, 6 (1): 61–83

Dorado, Silvia (2006) Social Entrepreneurial Ventures: Different Values so Different Process of Creation, No?. Journal of Developmental Entrepreneurship, 11 (4) 1–24

Ebers, Mark & Gotsch, Wilfried (1999) Institutionenökonomische Theorien der Organisation. In: Kieser, Alfred & Ebers, Mark (Hrsg) Organisationstheorien. Kohlhammer, Stuttgart, S 199–251

Emerson, Jed & Twersky, Fay (1996) New Social Entrepreneurs: The Success, Challenge and Lessons of Non-Profit Enterprise Creation. The Roberts Foundation Homeless Economic Fund, San Francisco

Fichtner, Hanno (2008) Unternehmenskultur im Strategischen Kompetenzmanagement. Gabler, Wiesbaden

Friedman, Milton (1970) The Social Responsibility of Business is to Increase its Profits. New York Times Magazine, 13/1970: 32–33

Gergs, Hans Joachim (2011) Ende des Sozialmanagements und Aufstieg des Social Entrepreneurship? Führung sozialer Unternehmen im 21. Jahrhundert. In: Hackenberg, Helga

& Empter, Stefan (Hrsg) Social Entrepreneurship – Social Business: Für die Gesellschaft unternehmen. VS Verl., Wiesbaden, S 173–188

Gillis, William & Castrogiovanni, Gary J (2012) The Franchising Businessmodell: An Entrepreneurial Growth Alternative. International Entrepreneurship and Management Journal, 8 (1): 75–98

Guinnane, Timothy W (1997) Regional Organizations in the German Cooperative Banking System in the late 19th Century, Research in Economics, 51 (3): 251–274

Hackenberg, Helga & Empter, Stefan (2011) Social Entrepreneurship und Social Business: Phänomen, Potenziale, Prototypen – Ein Überblick. In: Dies. (Hrsg) Social Entrepreneurship – Social Business: Für die Gesellschaft unternehmen. VS Verlag für Sozialwissenschaften, Wiesbaden, S 11–26

Hansmann, Henry (1987) Economic Theories of Nonprofit Organization. In: Powell, Walter W (Hrsg) The Nonprofit Sector: A Research Handbook. Yale University Press, New Haven/CT, S 27–42

Heinen, Edmund & Fank, Matthias (1997) Unternehmenskultur: Perspektiven für Wissenschaft und Praxis, 2. Auflage. Oldenbourg, München

Heinze, Rolf G; Schneiders, Katrin & Grohs, Stephan (2011) Social Entrepreneurship im Deutschen Wohlfahrtsstaat: Hybride Organisationen zwischen Markt, Staat und Gemeinschaft. In: Hackenberg, Helga & Empter, Stefan (Hrsg) Social Entrepreneurship – Social Business: Für die Gesellschaft unternehmen. VS Verl., Wiesbaden, 86–102

Hibbert, Sally A.; Hogg, Gillian & Quinn, Theresa (2005) Social Entrepreneurship: Understanding Consumer Motives for Buying The Big Issue. Journal of Consumer Behaviour, 4 (3): 159–172

Hockerts, Kai (2006) CaféDirect: Fair Trade as Social Entrepreneurship. In:Perrini, Francesco (Hrsg) The New Social Entrepreneurship: What Awaits Social Entrepreneurial Ventures?. Edward Elgar Publishing, Cheltenham/UK and Northhampton/USA

Institut der Deutschen WIrtschaft (2004) Auf den Schultern der Schwachen: Wohlfahrtsverbände in Deutschland. Deutscher Instituts-Verlag, Köln

Johnson, Mark W; Christensen, Clayton M & Kagermann, Henning (2008) Reinventing Your Businessmodell. Harvard Business Review, 86 (12): 57–68

Kalnins, Arturs & Mayer, Kyle J (2004) Franchising, Ownership, and Experience: A Study of Pizza Restaurant Survival. Management Science, 50 (12): 1716–1728

Light, Paul C. (2009) Social Entrepreneurship Revisited. Stanford Social Innovation Review, 7 (3): 21–22

Lingane, Alison & Olsen, Sara (2004) Guidelines for Social Return on Investment. California Management Review, 46 (3): 116–135

Lührs, Hermann (2006) Kirchliche Arbeitsbeziehungen – Die Entwicklung der Beschäftigungsverhältnisse in den beiden großen Kirchen und ihren Wohlfahrtsverbänden, Wirtschaft und Politik Working Paper, No. 33/06. Eberhard Karls Universität, Tübingen

Magretta, Joan (2002) Why Businessmodells Matter. Harvard Business Review, 80 (5): 86–92

Mair, Johanna & Martí, Ignasi (2006) Social Entrepreneurship Research: A Source of Explanation, Prediction, and Delight. Journal of World Business, 41 (1): 36–44

Mitchell, Donald & Coles, Carol (2003) The Ultimate Competitive Advantage of Continuing Businessmodell Innovation. Journal of Business Strategy, 24 (5): 15–21

Morris, Michael; Schindehutte, Minet & Allen, Jeffrey (2005) The Entrepreneur's Businessmodell: Toward a Unified Perspective. Journal of Business Research, 58 (6): 726–735

Murphy, Gregory B.; Trailer, Jeff W. & Hill, Robert C. (1996) Measuring Performance in Entrepreneurship Research. Journal of Business Research, 36(1): 15–23

Osterhold, Gisela (2002) Veränderungsmanagement. Gabler, Wiesbaden

Peredo, Ana Maria & McLean, Murdith (2006) Social Entrepreneurship: A Critical Review of the Concept. Journal of World Business, 41 (1): 56–65

Perrini, Francesco (2006) The New Social Entrepreneurship: What Awaits Social Entrepreneurial Ventures?. Edward Elgar Publishing, Chelten-ham/UK and Northhampton/USA

Picot, Arnold; Dietl, Helmut & Franck, Egon (2002) Organisation: Eine ökonomische Perspektive, 3. Auflage. Schäffer-Poeschel, Stuttgart

Prabhu, Ganesh (1999) Social Entrepreneurial Leadership. Career Development International, 4 (3): 140–145

Puch, Hans-Joachim (2001) Der Sozialmarkt in Deutschland: Die wirtschaftliche und gesellschaftliche Bedeutung sozialer Dienste steigt. Blätter der Wohlfahrtspflege, 148 (5): 104–106

Rappa, Michael (2000) Businessmodells on the Web, Raleigh: North Carolina State University. http://digitalenterprise.org/models/models.html. Zugegriffen: 06.07.2015

Richardson, James (2008) The Businessmodell: An Integrative Framework for Strategy Execution. Strategic Change, 17 (5): 133–144

Romero González, Rosa María; Gómez, Graciela Lara & Hernández, Amalia Rico (2010) La Empresa Social una Forma de Organización Innovadora. Revista Otra Economia, 4 (6): 103–115

Sackmann, Sonja A. (2004) Unternehmenskultur: Modetrend oder Wettbewerbsfaktor?. In: Dies. (Hrsg) Erfolgsfaktor Unternehmenskultur. Gabler, Wiesbaden, S 23–42

Sagawa, Shirley; Segal, Eli & EBSCOhost books (2000) Common Interest, Common Good: Creating Values through Business and Social Sector Partnerships. Harvard Business School Press, Boston/Mass.

Schein, Edgar H (2010) Organizational Culture and Leadership, 4. Auflage. Jossey-Bass, San Francisco

Schmidt, Siegfried J (2004) Unternehmenskultur: die Grundlage für den wirtschaftlichen Erfolg von Unternehmen, 4. Auflage. Velbrück, Weilerswist

Scholtyseck, Joachim (1999) Robert Bosch und der liberale Widerstand gegen Hitler 1933 bis 1945. C.H. Beck, München

Seelos, Christian & Mair, Johanna (2007) Profitable Businessmodells and Market Creation in the Context of Deep Poverty: A Strategic View. Academy of Management Perspectives, 21 (4): 49–63

Shafer, Scott M; Smith, H Jeff & Linder, Jane C (2005) The Power of Businessmodells. Business Horizons, 48(3): 199–207

Short, Jeremy C; Moss, Todd W & Lumpkin, G T (2009) Research in Social Entrepreneurship: Past Contributions and Future Opportunities. Strategic Entrepreneurship Journal, 3 (2): 161–194

Spiegel, Peter (2011) Social Impact Business – Soziale und ökologische Probleme unternehmerisch lösen. In: Hackenberg, Helga & Empter, Stefan (Hrsg) Social Entrepreneurship – Social Business: Für die Gesellschaft unternehmen. VS Verl., Wiesbaden, S 133–146

Statistisches Bundesamt (2013) Statistik der schwerbehinderten Menschen, Wiesbaden, www.destatis.de

Stölzle, Wolfgang (1999) Industrial Relationships. Oldenbourg, München

Studdard, Narathea L & Darby, Roger (2011) Social Entrepreneurship: Managing Strategic Decisions in Social Entrepreneurial Organisations. International Journal of Social Entrepreneurship and Innovation, 1 (1): 66–78

Tan, Wee-Liang; Williams, John & Tan, Teck-Meng (2005) Defining the 'Social' in 'Social Entrepreneurship': Altruism and Entrepreneurship, International Entrepreneurship and Management Journal, 1(3): 353–365

Tapscott, Don; Lowy, Alex & Ticoll, David (2000) Digital Capital: Harnessing the Power of Business Webs. Harvard Business School Press, Boston/Mass.

Teece, David J (2010) Businessmodells, Business Strategy and Innovation. Long Range Planning, 43(2): 172–194

Timmers, Paul (1998) Businessmodells for Electronic Markets, Electronic Markets, 8 (2): 3–8

Tracey, Paul & Jarvis, Owen (2007) Toward a Theory of Social Venture Franchising, Entrepreneurship Theory and Practice, 31 (5): 667–685

Trivedi, Chitvan & Stokols, Daniel (2011) Social Enterprises and Corporate Enterprises Fundamental Differences and Defining Features. Journal of Entrepreneurship, 20 (1): 1–32

Venkataraman, Sankaran (2002) The Distinctive Domain of Entrepreneurship Research. In: Shane, Scott (Hrsg) Foundations of Entrepreneurship. Edward Elgar Publishing, Cheltenham/UK and Northhampton/USA

Vise, David A. & Malseed, Mark (2005) The Google Story. Bantam Dell, New York

Volery, Thierry & Hackl, Valery (2009) The Promise of Social Franchising as a Model to Achieve Social Goals. In: Fayolle, Alain & Matley, Harry (Hrsg) Handbook of Research on Social Entrepreneurship. Edward Elgar Publishing, Cheltenham/UK and Northhampton/USA, S 157–181

Volkmann, Christine K; Tokarski, Kim Oliver & Ernst, Kati (2012) Background, Characteristics and Context of Social Entrepreneurship. In: Dies. (Hrsg) Social Entrepreneurship and Social Business. Springer Gabler, Wiesbaden, S 3–30

von Müller, Camillo (2010) Raiffeisen Banks. International Encyclopedia of Civil Society, 3: 1293–1294

Wilson, Fiona & Post, James E (2013) Businessmodells for People, Planet (& Profits) Exploring the Phenomena of Social Business, a Market-based Approach to Social Value Creation. Small Business Economics, 40 (3): 715–737

Winter, Carsten; Hepp, Andreas & Krotz, Friedrich (2008) Theorien der Kommunikations- und Medienwissenschaft. Grundlegende Diskussionen, Forschungsfelder und Theorieentwicklungen. VS Verl., Wiesbaden

Yunus, Muhammad with Weber, Karl (2007) Creating a World Without Poverty: Social Business and the Future of Capitalism. PublicAffairs, New York

Yunus, Muhammad; Moingeon, Bertrand & Lehmann-Ortega, Laurence (2010) Building Social Businessmodells: Lessons from the Grameen Experience. Long Range Planning, 43 (2): 308–325

Yunus, Muhammad with Weber, Karl (2010) Building Social Business: the New Kind of Capitalism that Serves Humanity's Most Pressing Needs. PublicAffairs, New York

Zahra, Shaker A; Gedajlovic, Eric; Neubaum, Donald O & Shulman, Joel M (2009) A Typology of Social Entrepreneurs: Motives, Search Processes and Ethical Challenges. Journal of Business Venturing, 24 (5): 519–532

Zott, Christoph & Amit, Raphael (2008) The Fit Between Product Market Strategy and Businessmodell: Implications for Firm Performance. Strategic Management Journal, 29 (1): 1–26

Zott, Christoph; Amit, Raphael & Massa, Lorenzo (2010) The Businessmodell: Theoretical Roots, Recent Developments, and Future Research, IESE Business School-University of Navarra Working Paper, No. 862

Weiterführende Literatur

Dowling, Michael & Drumm, Hans J (2003) Gründungsmanagement. Vom erfolgreichen Unternehmensstart zu dauerhaftem Wachstum. Springer Verlag, Berlin/Heidelberg/New York

Gerrig, Richard J & Zimbardo, Philip G (2008) Psychologie, 18. Auflage. Pearson Studium, München

Hungenberg, Harald (2006) Strategisches Management in Unternehmen. Ziele-Prozesse-Verfahren, 4. Auflage. Gabler, Wiesbaden Verlag

Mintzberg, Henry (1979) The structuring of organizations: A synthesis of the research. Englewood. Prentice Hall, Cliffs, NJ

Porter, Michael E (1980) Competitive Strategy: Techniques for Analyzing Industries and Competitors, Free Press, New York

Schumpeter, Joseph Alois (1942 [2005]) Kapitalismus, Sozialismus und Demokratie, 8. Auflage. UTB, Stuttgart

Shane, Scott; Locke, Edwin A & Collins, Christopher J (2012) Entrepreneurial motivation. Human Resource Management Review, 13 (2): 257–279.

Williamson, Oliver E (1975) Markets and hierarchies: Analysis and antitrust implications: A study in the economics of internal organization. Macmillan, New York

The manufacturer's authorised representative in the EU is Springer Nature Customer Service Centre GmbH, Europaplatz 3, 69115 Heidelberg, Germany. If you have any concerns regarding our products, please contact ProductSafety@springernature.com

Printed and bound by CPI Group (UK) Ltd, Croydon, CR0 4YY

23/03/2026

02076400-0010